Die bekannteste Talkmasterin der Welt verrät ihre Lebensphilosophie: Ihre Texte über Freude, Dankbarkeit und Kraft inspirieren, an sich selbst zu glauben, sich immer wieder mutig den Herausforderungen des Lebens zu stellen und das Glück auch im Kleinen zu finden. Aufrichtig, bewegend und humorvoll: Weis- und Wahrheiten, an die die Leser immer wieder zurückdenken werden.

Als Gastgeberin und Produzentin der preisgekrönten *Oprah Winfrey* Show hat Oprah 25 Jahre lang Millionen von Zuschauern unterhalten und inspiriert. Ihre Erfolge und ihr Engagement für wohltätige Zwecke machen sie zu einer einzigartigen Persönlichkeit, von ihren Fans geliebt und weltweit respektiert.

Weitere Informationen finden Sie auf *www.fischerverlage.de*

Oprah Winfrey

WAS ICH VOM LEBEN GELERNT HABE

Aus dem Amerikanischen
von Andrea Kunstmann

FISCHER Taschenbuch

7. Auflage: Oktober 2024

Erschienen bei FISCHER Taschenbuch,
Frankfurt am Main, September 2015

Die amerikanische Originalausgabe erschien 2014
unter dem Titel »What I Know for Sure«

Dieses Werk wurde im Auftrag von St. Martin's Press LLC durch die
Literarische Agentur Thomas Schlück GmbH, 30827 Garbsen, vermittelt.
Umschlaggestaltung: www.buerosued.de nach einer Idee von Mary Schuck
Satz: Dörlemann Satz, Lemförde
Druck und Bindung: GGP Media GmbH, Pößneck
ISBN 978-3-596-03334-8

INHALT

VORWORT

Die Geschichte ist nicht neu, aber ich finde, für dieses Buch lohnt es sich, sie noch ein letztes Mal zu erzählen: Im Jahr 1998, als ich für den Film ›Menschenkind‹ Promotion machte, interviewte mich der großartige Kinokritiker der »Chicago Sun-Times«, Gene Siskel, live im Fernsehen. Alles war glatt gelaufen, bis zu dem Zeitpunkt, als es um eine Art Schlusswort ging. »Sagen Sie mir doch mal«, bat er mich, »was Sie wirklich genau wissen.«

Nun war ich beileibe keine Anfängerin. Im Laufe der Jahre habe ich zahllose Fragen gestellt und auch beantwortet, und es kommt wirklich selten vor, dass mir die Worte fehlen – aber ich muss zugeben, dass es diesem Mann gelungen war, mich völlig aus der Fassung zu bringen.

»Äääh, was den Film betrifft?«, stammelte ich. Mir war natürlich bewusst, dass er auf etwas Größeres, Tiefsinnigeres, Komplexeres hinauswollte, aber ich versuchte, Zeit zu schinden, um mir eine halbwegs sinnvolle Antwort zurechtzulegen.

»Nein«, sagte er, »Sie wissen schon, was ich meine: Sie selbst, Ihr Leben betreffend, alles und überhaupt …«

»Ähm, was ich genau weiß … äääh … Ich weiß genau, dass ich Zeit brauche, um darüber in Ruhe nachzudenken, Gene.«

Nun, 16 Jahre und viele Gedanken später, ist das zur wichtigsten Frage meines Lebens geworden: Unterm Strich, was weiß ich genau? Was habe ich vom Leben gelernt?

Ich bin dieser Frage in jeder Ausgabe meiner Zeitschrift nachgegangen – »What I Know for Sure« ist der Name meiner monatlichen Kolumne –, und dennoch, das können Sie mir glauben, fällt mir die Antwort darauf immer noch nicht leicht. Was weiß ich genau? Eins kann ich mit absoluter Sicherheit sagen: Wenn noch einmal ein Redakteur anruft oder mailt oder auch nur per Rauchzeichen anfragt, wo der Text für diesen Monat bleibt, dann lege ich mir ein Pseudonym zu und ziehe nach Timbuktu.

Aber immer, wenn ich schon das Handtuch werfen und allen zurufen will: »Okay, ihr habt mich ertappt, ich weiß gar nichts!«, gehe ich mit meinen Hunden spazieren, koche mir eine Tasse Chai oder lege mich in die Badewanne, und aus dem Nichts heraus entsteht ein Augenblick völliger Klarheit, und mir fällt etwas ein, was mein Hirn, mein Herz, mein Bauch ohne den leisesten Zweifel ganz genau wissen.

Und doch hatte ich zugegebenermaßen ein wenig Angst davor, mir alle Kolumnen aus den letzten 14 Jahren noch mal vorzunehmen. Ich befürchtete, es würde so ähnlich sein, wie wenn ich alte Fotos von mir anschaue, mit Frisuren und Kleidern, die man unter »War damals sicher wahnsinnig schick« ablegen muss. Was, wenn das, was ich früher ganz genau wusste, sich heute als »Was habe ich mir bloß dabei gedacht« herausstellt?

Mit einem Rotstift und einem Glas Sauvignon Blanc setzte ich mich hin, atmete tief durch und fing an zu lesen. Und beim Lesen erinnerte ich mich nach und nach wieder daran, wo ich im Leben gestanden und was ich getan hatte, als ich die jeweiligen Texte schrieb. Mir fiel sofort wieder ein, wie ich mir das Hirn zermartert und meine Seele ergründet hatte, um herauszufinden, was ich über die Dinge wusste, die im Leben wirklich zählen: Dinge wie Freude, Durchhaltevermögen, Ehrfurcht, Nähe, Dankbarkeit und Chancen.

Erfreulicherweise konnte ich anhand der Kolumnen dieser 14 Jahre feststellen, dass das, was man wirklich genau weiß, in der Regel zeitlos ist.

Verstehen Sie mich nicht falsch: Solange man mit offenen Augen durchs Leben geht, lernt man nie aus. Und so habe ich, wenn auch meine Grundsätze gleichgeblieben sind, doch den Rotstift zur Hand genommen, um mühsam gewonnene Einsichten und Wahrheiten da und dort ein wenig aufzuhübschen, zurechtzurücken oder genauer zu erklären. Willkommen in meinem ganz persönlichen Buch der Offenbarung!

Es enthält all die Dinge, mit denen ich mich abgekämpft und abgefunden habe, die mich zum Weinen und zum Lachen gebracht haben, auf die ich zurückgekommen bin und die all das ausmachen, was ich vom Leben gelernt habe, all das, was ich sicher weiß. Und ich hoffe, dass Sie sich beim Lesen genau die gleiche Frage stellen, die mir Gene Siskel vor vielen Jahren gestellt hat. Eins weiß ich genau: Auf der Suche nach Antworten werden Sie etwas Wunderbares finden: sich selbst.

FREUDE

»Setz dich. Schmause von deinem Leben.«

Derek Walcott

Als Tina Turner zum ersten Mal in meiner Sendung auftrat, hätte ich am liebsten sofort alles stehen- und liegenlassen, um als Showgirl die Nächte auf ihren Konzerten durchzutanzen. Und siehe da – mein Traum wurde eines Abends in Los Angeles wahr, als die »Oprah Winfrey Show« mit Tina Turner auf Tournee ging. Nachdem ich einen ganzen Tag lang für einen einzigen Song geprobt hatte, bekam ich meine Chance.

Keine andere Erfahrung in meinem Leben war so nervenaufreibend, beängstigend und erhebend zugleich. Fünf Minuten und 27 Sekunden lang konnte ich spüren, was es bedeutet, live auf einer großen Bühne abzurocken. Noch nie fühlte ich mich so fehl am Platze, noch nie stand ich derart neben mir. Ich weiß noch, wie ich im Geiste die Schritte zählte, um den Rhythmus zu halten, und dabei auf den großen Kick wartete. Ich hatte unglaubliche Hemmungen.

Dann plötzlich dämmerte mir: Pass auf, Mädchen, das hier ist schneller vorbei, als du schauen kannst. Wenn du dich nicht auf der Stelle locker machst, wirst du den Spaß komplett verpassen. Also warf ich meinen Kopf zurück, vergaß den ganzen Kram von wegen Schritt, Schritt, Drehung, Kick und tanzte einfach los. Yeaaah!!!

Einige Monate später bekam ich von meiner Freundin und Mentorin Maya Angelou ein Päckchen: Ein Geschenk, hatte sie mir angekündigt, das alle ihre Töchter erhalten sollten. Ich packte es aus und hielt eine CD in Händen. Den Song von Lee Ann Womack kann ich immer noch nicht anhören, ohne ein bisschen zu weinen. Dieses Lied, das exemplarisch für Mayas Leben steht, hat folgenden Refrain: *When you get the choice to sit it out or dance, I hope you dance* – Wenn du wählen kannst, ob du etwas aussitzt oder tanzt, dann wirst du hoffentlich tanzen.

Wenn ich eins vom Leben gelernt habe, dann ist es das hier: Jeder Tag bietet die Gelegenheit, tief Luft zu holen, die Schuhe in die Ecke zu feuern und einfach loszutanzen – ohne Reue zu leben, mit so viel Freude, Spaß und Lachen, wie man nur verkraften kann. Man kann mutig auf der Bühne des Lebens Walzer tanzen und seiner inneren Stimme vertrauen, die einen in die richtige Richtung leitet, oder sich eingeschüchtert in eine Ecke zurückziehen, wo Ängste und Selbstzweifel lauern.

Genau jetzt haben Sie die Wahl – denn dies ist der einzige Augenblick, der Ihnen gewiss ist. Ich hoffe sehr, dass die vielen unwichtigen Alltagssorgen Sie nicht dermaßen in Anspruch nehmen, dass Sie darüber vergessen, Ihr Leben zu genießen – denn dieser Augenblick ist schon wieder so gut wie vorbei. Ich hoffe, der heutige Tag bleibt Ihnen als der in Erinnerung, an dem Sie beschlossen haben, dass jeder Augenblick zählt und dass Sie jede Stunde so genießen werden, als sei es Ihre letzte. Und wenn Sie wählen können, ob Sie etwas aussitzen oder ob Sie tanzen, dann tanzen Sie hoffentlich!

Ich nehme mein Wohlbefinden sehr ernst. Ich arbeite hart, kann aber auch genießen, denn ich glaube an die Prinzipien von Yin und Yang. Viel brauche ich nicht zum Glücklichsein, weil vieles, was ich tue, mich sehr zufrieden macht. Aber natürlich gibt es unterschiedliche Stufen von Zufriedenheit. Und weil ich versuche, das, was ich predige, auch zu praktizieren – nämlich im Augenblick zu leben –, achte ich meist sehr bewusst darauf, wie gut es mir gerade geht.

Bei Telefonaten mit meiner besten Freundin Gayle King muss ich oft so lachen, dass ich Kopfschmerzen kriege. Und während ich noch nach Luft schnappe, wird mir manchmal schlagartig klar, wie viel Glück ich habe: Wie oft haben wir schon nachts telefoniert, und immer redet sie Klartext mit mir und kann so herzhaft dabei lachen. Das nenne ich eine Fünf-Sterne-Freude.

Wer die Fähigkeit besitzt, Vier- oder Fünf-Sterne-Freude zu empfinden und sich auch selbst solche Freude zu bereiten, kann sich wirklich glücklich schätzen. Ich vergebe schon fünf Sterne dafür, dass ich morgens bei klarem Verstand aufwache und in der Lage bin, meine Füße vors Bett zu setzen, ins Badezimmer zu gehen und einfach meinen Alltag zu bewältigen – es gibt viele Menschen, die für so einfache Dinge zu krank sind.

Eine starke Tasse Kaffee mit einem richtig guten Haselnusssirup: vier Sterne. Ein Waldspaziergang, bei dem ich meine Hunde ohne Leine laufen lassen kann: fünf Sterne. Sport? Immer noch nur ein Stern. Im Schatten meiner Eichen die Sonntagszeitung lesen: vier Sterne. Ein richtig gutes Buch: fünf Sterne. Bei Quincy Jones in der Küche rumsitzen und quatschen: fünf Sterne. Anderen Menschen Gutes tun können: fünf plus! Die besondere Freude besteht darin, dass der Empfänger den Sinn und Zweck meiner Gabe zu würdigen weiß. Ich bemühe mich, jeden Tag jemandem etwas Gutes zu tun, egal ob Bekannten oder fremden Menschen.

Eins weiß ich genau: dass Freude eine Energie erzeugt, die nicht verlorengeht. Was Sie geben, kommt zu Ihnen zurück. Ihre Lebenseinstellung bestimmt das Maß Ihrer Lebensfreude mit.

Wichtiger, als scharfe Augen zu haben, ist der Blickwinkel. Eine innere Stimme, die einen mit Weisheit und Güte durchs Leben begleitet – das ist wahrlich eine große Freude.

Das Leben hält viele wunderbare Schätze bereit, wenn wir uns nur einen Moment Zeit nehmen, sie zu würdigen. Ich nenne dies meine Aaah-Momente und habe gelernt, wie ich sie selbst kreieren kann. Beispiel gefällig? Um vier Uhr nachmittags eine Tasse Masala Chai (heiß und würzig, mit aufgeschäumter Mandelmilch) belebt mich und bringt mich für den Rest des Arbeitstags wieder in Schwung. Eins weiß ich ganz sicher: dass solche kleinen Momente große Wirkung haben. Sie verschaffen einem neue Energie, Abstand zu den Dingen und die Gelegenheit, wieder zu sich zu kommen.

Das Wort »exquisit« habe ich schon immer besonders geliebt. Es zergeht einem förmlich auf der Zunge. Und noch erfreulicher als ein exquisites Mahl ist eine exquisite Erfahrung, so üppig und vielschichtig wie eine Kokostorte. Beides – die Torte und die Erfahrung – bekam ich zu meinem Geburtstag vor ein paar Jahren. In solchen Momenten, wenn sich alles plötzlich wie von Zauberhand fügt, habe ich immer den Eindruck, Gott zwinkert mir zu.

Ich war kurz zuvor aus Indien zurückgekommen und war mit ein paar Freundinnen in meinem Haus auf Maui, wo ich mir zur Feier meines 58. Geburtstags ein paar Tage Entspannung gönnen wollte.

Auch in unserem Alter sitzen Freundinnen noch bis tief in die Nacht zusammen und quatschen. Am Abend vor meinem Geburtstag hockten wir zu fünft noch um halb eins am Tisch, ermattet von stundenlangen Gesprächen, die von Männern bis Mikrodermabrasion praktisch alle Themen abdeckten. Wir hatten viel gelacht und auch ein bisschen geweint – wie es eben zugeht, wenn Frauen sich fallenlassen können.

Zwei Tage später sollte ich den berühmten spirituellen Meister Ram Dass interviewen, und eher aus Zufall summte ich ein Lied vor mich hin, in dem sein Name vorkommt.

»Was summst du denn da?«, fragte mich meine Freundin Maria unvermittelt.

»Ach, das ist nur ein Lied, das ich gerne mag.«

»Ich kenne das Lied«, antwortete sie. »Ich höre es jeden Abend.«

»Ach komm«, sagte ich, »das kennt doch kein Mensch. Das ist auf einem Album von Snatam Kaur.«

»Ja«, sagte Maria, »ja, klar, Snatam Kaur! Die höre ich jeden Abend, bevor ich schlafen gehe. Woher kennst du sie?«

»Peggy (eine andere meiner anwesenden Freundinnen) hat mir die CD vor zwei Jahren geschenkt, und seither höre ich sie ständig. Ich lege sie jeden Tag auf, bevor ich meditiere.«

Nun prusteten wir beide los. »Das gibt's doch nicht!«

»Ich habe sogar mit dem Gedanken gespielt, Snatam Kaur zu meinem Geburtstag hier live für mich singen zu lassen«, sagte ich, als ich wieder Luft bekam. »Aber dann dachte ich, ach, ich lass es, der Aufwand ist zu groß. Wenn ich gewusst hätte, dass du sie auch magst, hätte ich es gemacht.«

Als ich dann später im Bett lag, dachte ich: Das ist doch

wieder typisch, dass ich den Aufwand für eine Freundin betrieben hätte, für mich selbst aber nicht. Ich muss das, was ich anderen immer predige, auch selbst tun und mir mehr Wertschätzung entgegenbringen. Hätte ich Snatam Kaur doch für einen Auftritt eingeladen, wünschte ich mir noch, bevor ich einschlief.

Am nächsten Tag, meinem Geburtstag, nahmen wir an einer sogenannten Landsegnungszeremonie eines hawaiianischen Häuptlings teil. Bei Sonnenuntergang saßen wir dann mit Cocktails auf der Veranda. Als meine Freundin Elizabeth sich erhob, dachte ich zuerst, sie würde ein Gedicht vorlesen oder eine Rede halten. Sie sagte jedoch: »Du hast es dir gewünscht, und deshalb wird es wahr.« Sie läutete ein kleines Glöckchen, und plötzlich erklang Musik.

Die Töne kamen erst gedämpft, als wären die Lautsprecher nicht in Ordnung. Was ist denn jetzt los, fragte ich mich, und in diesem Moment erschien auf meiner Veranda Snatam Kaur mit ihrem weißen Turban, gefolgt von ihren Musikern. »Wie habt ihr das nur hingekriegt?«, rief ich und fing vor Rührung an zu weinen. Maria, die mit Tränen in den Augen neben mir saß, ergriff meine Hand und nickte bekräftigend: »Für dich selbst wolltest du es ja nicht machen, also haben wir es für dich getan.«

Nachdem ich am Vorabend ins Bett gegangen war, hatten meine Freundinnen herumtelefoniert, um herauszufinden, wo sich Snatam Kaur gerade aufhielt und ob sie sie innerhalb der nächsten zwölf Stunden nach Maui holen konnten. Wie Gott und der Zufall es wollten, waren sie und ihre Band gerade in einer Stadt nur 30 Minuten entfernt, um für ein Konzert zu proben. Und sie fühlten sich »geehrt«, dass sie kommen und für mich singen durften.

Es war eine unglaublich schöne Überraschung, und ich bin noch immer damit beschäftigt, die vielen Facetten ihrer Bedeutung zu entschlüsseln. Ich bin ganz sicher: An diesem Ereignis werde ich mich mein Leben lang erfreuen. Dass es geschah, wie es geschah, und dass es an meinem Geburtstag passierte: Das war einfach – exquisit!

Wann haben Sie zum letzten Mal so gelacht, dass Sie Seitenstechen bekamen? Wann haben Sie zum letzten Mal Ihre Kinder beim Babysitter abgeladen, um ein Wochenende lang ohne sie zu verreisen? Worauf ich hinaus will: Wenn Sie morgen sterben, welches Versäumnis werden Sie bereuen? Wenn morgen der letzte Tag Ihres Lebens wäre, würden Sie ihn so verbringen wie heute?

Ein Spruch ist mir in Erinnerung geblieben: »Das letzte Hemd hat keine Taschen.« Wer je an der Schwelle des Todes stand, kann bezeugen, dass am Ende nicht zählt, wie viele Nächte man sich im Büro um die Ohren geschlagen hat oder wie viel die eigenen Anlagefonds wert sind. Vielmehr quälen einen dann die berühmten »Hätte ich doch nur«-Gedanken: Wer hätte ich sein können, wenn ich das gemacht hätte, was ich wirklich wollte?

Wenn Sie sich dazu durchringen, dem Gedanken an Ihre Sterblichkeit nicht mehr auszuweichen, beschenken Sie sich mit einer wichtigen Einsicht: Weil Sie sterben werden, müssen Sie jetzt leben. Und ob Sie verkümmern oder aufblühen, liegt allein in Ihrer Hand. Der alles entscheidende Faktor sind Sie!

Ihre Reise beginnt jeden Tag aufs Neue mit der Entscheidung, aufzustehen, rauszugehen und das Leben zu genießen.

Gibt es etwas, das ich mehr schätze als richtig gutes Essen? Viel fällt mir nicht ein. Eine der besten Mahlzeiten meines Lebens habe ich in Rom serviert bekommen, in einem wunderschönen kleinen Restaurant, in dem nur Italiener aßen – bis auf unseren Tisch, an dem meine Freunde Reggie, Andre, Gayle, ihre Tochter Kirby und ich saßen und uns von den Römern das Genießen abschauten.

Unser italienischer Wirt Angelo ließ die Kellner so viele köstliche Antipasti servieren, dass mein Herz schon bei ihrem Anblick höher schlug. Es gab mit Schinken gefüllte Zucchini und frische, reife Tomaten mit schmelzendem Mozzarella, der so zart war, dass man die winzigen Luftbläschen darin sehen konnte. Dazu einen 85er Sassicaia, einen toskanischen Wein, der schon eine halbe Stunde geatmet hatte und wie flüssiger Samt durch unsere Kehlen rann. Meine Güte, ein unvergesslicher Genuss.

Ich muss noch erwähnen, dass ich dieses Mahl mit einem Teller perfekt zubereiteter Pasta mit Bohnen und einer kleinen Portion Tiramisu krönte. Gut, ich büßte dafür am nächsten Tag, indem ich eineinhalb Stunden rund ums Kolosseum joggte, aber jeder einzelne wunderbare Bissen war es wert.

Ich bin fest davon überzeugt, dass gutes Essen von großem Wert ist. Eins weiß ich genau: Ein Essen, das wirklich Genuss bereitet, ist auf kurze und lange Sicht viel besser, als zig zweitklassige Häppchen, nach deren Verzehr man immer wieder unbefriedigt um Vorrats- und Kühlschränke streicht. Ich nenne das Snack-Attacken: Man will etwas essen, aber weiß nicht so recht, was. Und alle Karotten, Selleriestangen und fettarmen Hühnchen dieser Welt können einem nicht die gleiche Befriedigung verschaffen wie das eine unglaublich leckere Stück Schokolade, auf das man so große Lust hat.

Ich habe daraus die Lehre gezogen, mir dieses eine Stück Schokolade (oder auch mal zwei) zu gönnen, es zu genießen und danach aufzuhören. Ich weiß schließlich, dass Scarlett O'Hara recht hat: »Morgen ist auch noch ein Tag.« Es gibt ja noch mehr davon. Ich muss nicht gleich alles aufessen, nur weil es da ist. Das ist doch ein gutes Konzept, oder nicht?

Ich lernte Bob Greene vor mehr als zwanzig Jahren in einem Fitnesscenter in Telluride, Colorado, kennen. Damals wog ich 118 Kilo, mein Negativrekord. Ich war ebenso rat- wie hoffnungslos und schämte mich derart für meinen Körper und meine Ernährungsgewohnheiten, dass ich Bob kaum in die Augen schauen konnte. Ich wünschte mir nichts sehnlicher als eine Diät, die funktionierte.

Bob unterstützte mich bei meinen Trainingseinheiten und plädierte für einen gesunden Ernährungsstil mit naturbelassenen Nahrungsmitteln (und das lange bevor ich von Läden hörte, die ausschließlich Bioprodukte verkaufen).

Er konnte mich zuerst nicht wirklich überzeugen, doch auch im Licht der unterschiedlichen Diäten, die ich danach machte, erschien sein Rat logisch und klug: Iss das, was dir guttut.

Vor ein paar Jahren kam mir dann endlich die Erleuchtung, und ich fing an, mein eigenes Gemüse anzubauen. Was hinter meinem Haus in Santa Barbara mit ein paar Beeten mit Salat, Tomaten und Basilikum (mein Lieblingskraut) begann, wurde auf Maui zu einer ausgewachsenen Gärtnerei. Aus meinem Interesse fürs Gärtnern hat sich eine echte Leidenschaft entwickelt.

Ich werde geradezu lächerlich glücklich vom Anblick unserer selbst gezogenen Radieschen, die so groß sind, dass ich sie als Pavianhintern bezeichne, oder wenn ich den lila Radicchio und den kniehohen Palmkohl sehe – denn in solchen Momenten kehre ich zu meinen Wurzeln zurück.

Im ländlichen Mississippi, wo ich aufgewachsen bin, war der eigene Garten unsere Existenzgrundlage. In Nashville, wo ich später gewohnt habe, hat mein Vater immer ein kleines Beet neben dem Haus angelegt, wo er Blattkohl, Tomaten, Schwarzaugen- und Limabohnen pflanzte.

Heute ist frisches Gemüse mein Lieblingsessen: Zusammen mit einer Scheibe Maisbrot versetzt es mich in meine Kindheit zurück. Als junges Mädchen jedoch war mir der Wert frischer Nahrungsmittel nicht bewusst. »Warum können wir unser Essen nicht im Laden kaufen, wie andere Leute auch?«, maulte ich. Ich wollte das »famose Zartgemüse aus der Dose«, wie in der Werbung. Ich kam mir arm vor, weil wir das Zeug aus dem Garten essen mussten.

Seitdem habe ich eins gelernt: Ich hatte verdammtes Glück, dass ich damals frische Lebensmittel bekam – etwas, was auch heute wahrlich nicht für jede Familie selbstverständlich ist.

Ich danke dir, lieber Gott, dass du für Wachstum und Gedeihen sorgst.

Ich habe hart für ein Leben gearbeitet, in dem ich möglichst viele meiner Träume verwirklichen kann. Unter anderem wünsche ich mir, dass alle Menschen frische Lebensmittel direkt vom Feld auf den Tisch bekommen. Denn eine bessere Ernährung ist die Grundlage für ein besseres Leben. Hiermit, Bob, bekommst du es schwarz auf weiß: Du hattest natürlich von Anfang an recht!

Gayle King habe ich 1976 kennengelernt, als ich Nachrichtenmoderatorin und sie Produktionsassistentin bei einem Sender in Baltimore war. Wir bewegten uns in unterschiedlichen Sphären, die selten in Kontakt kamen und zwischen denen üblicherweise keine Freundschaften entstanden. Doch vom ersten Tag unserer Bekanntschaft an hat Gayle keinen Hehl daraus gemacht, wie stolz sie war, dass ich den exponierten Posten der Hauptnachrichtensprecherin innehatte, und wie aufregend sie es fand, in meinem Team zu arbeiten. Daran hat sich nie etwas geändert.

Wir wurden nicht sofort Freundinnen, sondern waren anfangs einfach zwei Frauen, die sich gegenseitig respektierten und unterstützten. Dann, eines Abends, konnte Gayle wegen eines starken Schneesturms nicht mehr nach Hause fahren, und ich lud sie ein, bei mir zu übernachten. Ihre größte Sorge war Unterwäsche: Sie war fest entschlossen, über sechzig Kilometer durch das Schneetreiben nach Chevy Chase, Maryland, zu fahren, wo sie mit ihrer Mutter zusammenwohnte, nur für einen frischen Slip. »Ich habe genug frische Wäsche zu Hause«, sagte ich ihr. »Du kannst welche von mir haben, oder wir gehen dir unterwegs welche kaufen.«

Nachdem ich sie so weit hatte, mit zu mir zu kommen, quatschten wir die ganze Nacht durch. Und mit wenigen Ausnahmen, zum Beispiel wenn wir im Ausland Urlaub machen, hören Gayle und ich noch immer jeden Tag voneinander.

Wir lachen viel, am meisten über uns selbst. Sie hat mir immer beigestanden: als ich fast gefeuert wurde, als ich sexuell belästigt wurde und vor allem während der chaotischen und verkorksten Beziehungen in meinen Zwanzigern, als ich mich von Männern noch häufig als Fußabtreter missbrauchen ließ. Nacht für Nacht lauschte Gayle meinen neuesten Jammergeschichten, wenn ich wieder einmal versetzt, belogen und schlecht behandelt worden war. Sie wollte immer sämtliche Details hören (wir sprachen dann von »Buch«, »Kapitel« und »Vers«) und war dann immer so betroffen, als sei ihr das alles selbst passiert. Sie machte mir nie Vorwürfe, aber wenn ich wieder einmal zugelassen hatte, dass ein Mann mich ausnutzte, sagte sie oft: »Er nagt nur an deiner Seele. Irgendwann ist sie hoffentlich so weit abgenagt, dass du sehen kannst, wer du wirklich bist: nämlich jemand, der es verdient, glücklich zu sein.«

Bei all meinen Triumphen, bei all dem Großartigen und Guten, was in meinem Leben geschehen ist, hat Gayle mich immer am tatkräftigsten unterstützt. (Und egal, wie viel Geld ich auch verdiene, macht sie sich selbstverständlich nach wie vor Sorgen, dass ich zu viel ausgebe. »Denk an M. C. Hammer«, rügt sie mich, als sei ich nur noch einen Einkauf weit davon entfernt, in die Fußstapfen des pleitegegangenen Rappers zu treten.) In all unseren gemeinsamen Jahren habe ich nicht den Bruchteil einer Sekunde den Eindruck gehabt, dass sie mich beneidet. Sie liebt ihr Leben, sie liebt ihre Familie, sie liebt die Schnäppchenjagd (so sehr, dass sie sich für ein Discountangebot durch die ganze Stadt schleppt).

Ein einziges Mal hätte sie gerne mit mir getauscht: an dem Abend, als ich mit Tina Turner auf der Bühne stand. Sie gehört zu den Leuten, die den Taxifahrer in New York fragen, ob er Kinder hat. »Und wie heißen sie?«, fragt sie dann. Wenn ich am Ende bin, teilt sie meinen Schmerz mit mir, und wenn ich einen Erfolg feiere, kann man wetten, dass sie irgendwo im Hintergrund lauter jubelt und breiter grinst als alle anderen. Manchmal kommt es mir so vor, als sei Gayle all das, was Gutes in mir steckt, der Teil meines Ichs, der sagt: »Was auch passiert, ich bin für dich da.«

Eins weiß ich genau: Gayle ist eine Freundin, auf die ich zählen kann. Die Freude, eine wahre Freundin zu haben und sein zu dürfen, verdanke ich ihr.

Mir drei kleine Welpen auf einmal zuzulegen war nicht unbedingt die klügste Entscheidung, die ich in meinem Leben getroffen habe. Es geschah aus einer Laune heraus, weil mich ihre niedlichen Köpfchen so verzauberten, ihr süßer Welpengeruch und der Unterbiss von Welpe Nummer drei (Layla).

In der Zeit danach ging ich wochenlang zu jeder Tages- und Nachtzeit mit ihnen raus. Ich klaubte Unmengen Hundehaufen auf und verbrachte unzählige Stunden beim Welpentraining, um ihnen Manieren beizubringen.

Es war *extrem* anstrengend. Ich litt unter Schlafentzug, und es machte mich fix und fertig, ständig alle drei gleichzeitig davon abhalten zu müssen, sämtliche meiner irdischen Besitztümer zu ruinieren. Mannomann, mein Respekt vor Müttern richtiger Kinder wuchs ins Unendliche.

Mit der Zeit ließ meine Schwärmerei für die Hunde merklich nach, und ich musste einen anderen Zugang zu ihnen finden. Einmal beim Gassigehen sah ich ihnen beim Herumtollen zu – und wenn ich herumtollen sage, dann meine ich es auch: Sie wälzten sich im Dreck, fielen auf die

Schnauze, wetzten in alle Richtungen, lachten (ja, Hunde können lachen) und machten Sprünge, als wären sie Hasen. Zu sehen, wie viel Spaß sie hatten, entlockte mir einen tiefen Seufzer und ein entspanntes Lächeln: Es ist wahnsinnig schön, wenn junge Lebewesen zum ersten Mal das Wunder einer grünen Wiese entdecken!

Wir alle haben jeden Tag die Gelegenheit, Wunder zu entdecken, doch nach und nach sind wir abgestumpft. Sind Sie auch schon einmal von der Arbeit nach Hause gefahren, haben Ihre Haustür aufgeschlossen und sich dann gefragt, wie Sie eigentlich hergekommen sind?

Eins weiß ich ganz sicher: Ich will kein Leben auf dem Abstellgleis, ich will nicht so apathisch werden, dass ich nichts mehr fühlen und sehen kann. Ich will an jedem neuen Tag mein Leben voll ausschöpfen und mich an allem Möglichen erfreuen.

Ich mache unglaublich gerne Feuer im Kamin. Dieses Erfolgserlebnis, wenn ich das Holz so geschickt in Pyramidenform aufgeschichtet habe, dass die Flammen auch ohne Kaminanzünder auflodern, bereitet mir eine enorme Befriedigung, warum auch immer – vielleicht, weil ich als Mädchen davon träumte, zu den Pfadfindern zu gehen, mir aber die Uniform nicht leisten konnte.

Noch schöner ist so ein Feuer, wenn es draußen in Strömen regnet, und die Krönung ist es, wenn ich mit meiner Arbeit fertig bin, meine E-Mails gecheckt habe, alle elektronischen Geräte ausgeschaltet sind und ich endlich lesen kann.

Im Grunde geschieht alles, was ich den Tag über tue, als Vorbereitung auf meine Lektürestunden. Ein guter Roman oder eine Autobiographie, eine Tasse Tee, eine gemütliche Ecke zum Hinfläzen, und ich fühle mich wie im Paradies. Ich liebe es, mich in die Gedankenwelt eines anderen hineinzuversetzen. Es ist immer wieder erstaunlich, welche Bindung ich zu den Figuren aufbaue, wie lebendig sie auf dem Papier für mich werden, egal wie sehr sich ihre Lebensumstände von meinen unterscheiden. Ich glaube nicht nur, diese Menschen zu kennen, ich lerne auch mich selbst besser kennen. Neue Einblicke, Informationen, Wissen, Inspiration und Kraft: All das und noch viel mehr kann ein gutes Buch vermitteln.

Ich kann mir überhaupt nicht vorstellen, wer und wo ich ohne das Lesen wäre. Ganz sicher hätte ich ohne meine Leidenschaft für Bücher nicht mit 16 meinen ersten Job beim Radio bekommen. Bei einer Besichtigung des Senders WVOL in Nashville fragte mich der DJ: »Willst du mal hören, wie deine Stimme auf Band klingt?« und drückte mir eine Seite Nachrichtentext und ein Mikrophon in die Hand. »Das Mädel sollten Sie mal hören!«, rief er dann seinem Chef zu. Dort begann meine Medienkarriere – kurz darauf stellte mich der Sender als Nachrichtensprecherin an. Nach Jahren, in denen ich jedem, der mir zuhörte, Gedichte aufgesagt und alles gelesen hatte, was ich in die Finger bekam, wollte mich jemand für das bezahlen, was mir so viel Spaß machte: Vorlesen.

Früher habe ich versucht, mit Büchern der Realität zu entfliehen. Heute ist mir der Genuss eines guten Buchs beinahe heilig, er bietet mir die Möglichkeit, jederzeit an jedem beliebigen Ort zu sein. Lesen ist meine absolute Lieblingsbeschäftigung. Was ich vom Leben gelernt habe, ist, dass wir uns beim Lesen der Welt öffnen. Das Lesen verschafft uns Zugang zu allem, was unser Geist aufzunehmen bereit ist. Und was ich am schönsten daran finde: Es verleiht uns die Fähigkeit, eine höhere Stufe zu erklimmen – und immer weiter nach oben zu streben.

Mein grundlegendes Ziel im Leben ist es, mir meine Spiritualität zu bewahren. Alles andere, das weiß ich genau, ergibt sich von selbst. Und meine wichtigste spirituelle Übung besteht darin, im gegenwärtigen Augenblick zu leben und keinesfalls der Versuchung zu erliegen, in die Zukunft zu planen oder frühere Fehler zu bereuen, sondern die elementare Kraft der Gegenwart zu spüren. Das ist das Geheimnis eines glücklichen Lebens.

Wenn wir uns wieder ins Gedächtnis rufen würden, wie das geht (Kinder leben so, wenn sie auf die Welt kommen – wir verhärteten Seelen nennen das Unschuld), dann könnten wir die Welt verändern – durch unser Spiel, unser Lachen, unsere Freude.

Seit ich acht Jahre alt bin, ist der Psalm 37,4 mein liebster Bibelvers: »Habe deine Lust am Herrn; der wird dir geben, was dein Herz wünscht.« Das ist bei allem, was ich erlebt habe, immer mein Glaubenssatz geblieben. Habe deine Lust am Herrn – indem du freundlich und gütig, mitfühlend und liebevoll bist – und sieh zu, was dann geschieht.

Trauen Sie sich!

DURCHHALTEVERMÖGEN

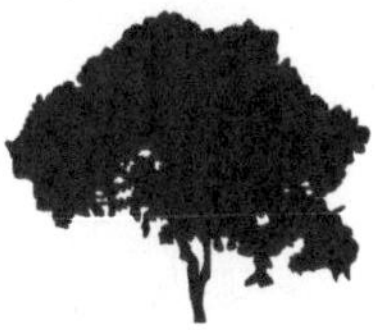

»Meine Hütte ist niedergebrannt – nun kann ich endlich den Mond sehen.«

Masahide
(japanischer Dichter
des 17. Jahrhunderts)

Wer wir auch sind, woher wir auch kommen – wir alle haben einen ganz individuellen Weg hinter uns. Meiner begann an einem Aprilnachmittag 1953 im ländlichen Mississippi, wo ich von Vernon Winfrey und Vernita Lee in einem außerehelichen Akt gezeugt wurde. Die einmalige Vereinigung der beiden war alles andere als romantisch und hatte eine ungewollte Schwangerschaft zur Folge, die meine Mutter bis zum Tag meiner Geburt verheimlichte, so dass niemand auf meine Ankunft vorbereitet war. Es gab keine Babyparty, und niemand zeigte die Vorfreude und Begeisterung, die ich den Gesichtern meiner schwangeren Freundinnen ansehen kann, wenn sie andächtig ihre runden Bäuche reiben. Meine Geburt war geprägt von Reue, Geheimnissen und Scham.

Als der Autor und Berater John Bradshaw, Schöpfer des Konzepts des inneren Kindes, 1991 in der »Oprah Winfrey Show« auftrat, unterzog er mein Publikum und mich einer intensiven psychologischen Übung. Er bat uns, die Augen zu schließen und uns in das Zuhause zurückzuversetzen, in dem wir aufwuchsen, uns das Haus genau vorzustellen. »Kommen Sie näher«, sagte er, »sehen Sie durchs Fenster hinein und entdecken Sie dort drinnen sich selbst. Was sehen Sie? Und, noch wichtiger, was fühlen Sie?« Für mich war das eine überwältigend traurige und zugleich nützliche Erfahrung. In praktisch jeder Phase meiner Entwicklung fühlte ich mich vor allem einsam. Nicht allein, es waren ja immer Menschen um mich herum, aber mein Wohlergehen hing ganz allein von mir ab. Ich wusste immer, dass ich mich allein durchschlagen muss.

Als ich klein war, freute ich mich jedes Mal, wenn nach der Kirche Leute zu meinen Großeltern zu Besuch kamen. Mir graute vor dem Moment, in dem sie wieder gingen und ich mit meinem senilen Großvater und meiner überarbeiteten, ungeduldigen Großmutter allein zurückblieb. Da ich das einzige Kind weit und breit war, musste ich lernen, mich selbst zu beschäftigen, und fand dafür immer neue Möglichkeiten. Ich hatte Bücher und selbstgemachte Puppen, meine kleinen Pflichten und die Tiere auf dem Hof, denen ich Namen gab und mit denen ich sprach. Ich bin überzeugt davon, dass das viele Alleinsein damals meinen Charakter entscheidend prägte.

Als ich nach John Bradshaws Methode durch das imaginäre Fenster einen Blick auf meine Kindheit warf, machte es mich sehr traurig, dass die mir nahestehenden Menschen nicht sehen konnten, was für ein sensibles kleines Mädchen ich war. Doch zugleich stärkte es mich, dass ich es nun selbst erkannte.

Wie ich haben vielleicht auch Sie Dinge erlebt, aus denen ein mangelndes Selbstwertgefühl resultiert. Doch eins habe ich vom Leben gelernt: Die Wunden der Vergangenheit zu heilen ist eine der schwierigsten, aber auch lohnendsten Herausforderungen, denen wir uns im Leben stellen können. Es ist immens wichtig, uns bewusst zu machen, wann und wodurch wir programmiert wurden, denn nur dann können wir uns umprogrammieren. Und nur wir selbst, niemand sonst, ist dafür zuständig. Eines der unumstößlichen Gesetze des Universums lautet nämlich: Jeder ist für sein Leben selbst verantwortlich.

Jemand anderem die Verantwortung für Ihr Glück aufzubürden ist Zeitverschwendung. Sie müssen mutig genug sein, sich selbst die Liebe zu schenken, die andere Ihnen vorenthalten haben. Fangen Sie damit an, sich klarzumachen, dass jeder Tag Ihnen die Möglichkeit bietet, zu wachsen. Dass verdrängte Konflikte mit Ihrer Mutter in den Streitereien mit Ihrem Ehemann wiederauftauchen. Dass das unbewusste Gefühl Ihrer eigenen Wertlosigkeit in allem aufscheint, was Sie tun (oder lassen). Wenn Sie diese Zeichen aufmerksam wahrnehmen, können Sie die Vergangenheit hinter sich lassen und zu Ihrem Ich zurückfinden.

Seien Sie aufmerksam: Denn jede Entscheidung ist eine Chance, sich Ihren eigenen Weg zu bahnen. Bleiben Sie in Bewegung! Volle Fahrt voraus!

Jede Herausforderung, der wir uns stellen, birgt die Gefahr, uns zu Fall zu bringen. Doch beunruhigender als der Stoß, der uns versetzt wird, ist unsere Angst, wir könnten ihm nicht standhalten. Sobald der Boden unter unseren Füßen zu schwanken beginnt, geraten wir in Panik. Wir vergessen alles, was wir wissen, und werden starr vor Angst. Allein der Gedanke an das, was uns zustoßen könnte, bringt uns schon aus dem Gleichgewicht.

Eins weiß ich genau: Ein Beben übersteht man nur, indem man seine Position verändert. Den Stürmen des Lebens kann man nicht entgehen, die bringt unser Dasein so mit sich. Doch meiner Überzeugung nach sind sie immer auch ein Geschenk, weil sie uns zwingen, durch einen Schritt nach rechts oder links unser Gleichgewicht neu auszutarieren. Kämpfen Sie nicht gegen solche Erfahrungen an, sondern lassen Sie sich von ihnen dazu bringen, Ihren Stand wieder zu festigen.

Das Gleichgewicht liegt in der Gegenwart. Also kommen Sie zurück ins Jetzt, wenn Sie den Eindruck haben, die Erde bebt. Was auch immer der nächste Augenblick bringen mag, darum können Sie sich später kümmern. In *diesem* Augenblick atmen Sie noch. In *diesem* Augenblick sind Sie noch am Leben. In *diesem* Augenblick finden Sie den richtigen Weg, um die nächsthöhere Stufe zu erklimmen.

Mein Geheimnis habe ich jahrelang mit keiner Menschenseele geteilt. Selbst Gayle, die alles über mich wusste, erfuhr davon erst, nachdem wir bereits einige Jahre befreundet waren, und das Gleiche gilt für Stedman. Ich habe geschwiegen, bis ich mich sicher genug fühlte, darüber zu sprechen: über den sexuellen Missbrauch zwischen meinem 10. und 14. Lebensjahr, meine darauffolgenden wahllosen Sexualkontakte und schließlich meine Schwangerschaft mit 14. Ich schämte mich so, dass ich sie verbarg, bis mein Arzt meine geschwollenen Fesseln und meinen runden Bauch entdeckte. Das Kind, das ich 1968 zur Welt brachte, starb einige Wochen später im Krankenhaus.

Ich ging danach wieder zur Schule und erzählte niemandem davon. Ich fürchtete, von der Schule zu fliegen, wenn es herauskäme. Also trug ich dieses Geheimnis mit mir herum, immer in der Furcht, dass jeder, der davon erführe, sich von mir abwenden würde. Selbst als ich den Mut fand, öffentlich über den Missbrauch zu sprechen, schämte ich mich und bewahrte weiterhin das Geheimnis meiner Schwangerschaft.

Als ein inzwischen verstorbenes Familienmitglied diese Geschichte in den Boulevardmedien lancierte, änderte sich alles für mich. Ich war am Boden zerstört, verletzt, betrogen. Wie konnte dieser Mensch mir das antun? Ich heulte stundenlang. Ich erinnere mich, wie Stedman an jenem Sonntagnachmittag in mein abgedunkeltes Schlafzimmer kam. Als er vor mir stand, hatte ich den Eindruck, dass er auch geweint hatte. »Es tut mir so leid«, sagte er. »Das hast du nicht verdient.«

Als ich mich am Montagmorgen nach der Veröffentlichung der Geschichte aus dem Bett und zur Arbeit schleppte, war ich niedergeschlagen und verängstigt. Ich stellte mir vor, wie jeder Mensch auf der Straße mit dem Finger auf mich zeigen und rufen würde: »Schwanger mit 14! Du Schlampe! Lass dich nie wieder blicken!« Doch niemand sagte ein Wort – weder Fremde noch meine Bekannten. Ich war schockiert. Niemand behandelte mich anders als zuvor. Jahrzehntelang hatte ich Angst vor Reaktionen gehabt, die gar nicht kamen.

Auch andere Leute haben mich seither verraten, doch auch wenn es sich immer wie ein Schlag in die Magengrube anfühlt, weine ich jetzt nicht mehr oder verkrieche mich im Bett. Ich versuche, immer an das zu denken, was bei Jesaja steht: »Keiner Waffe, die gegen dich bereitet wird, soll es gelingen …« (54,17). Jedes Unglück hat auch sein Gutes, und so stellte ich bald fest, dass die Enthüllung meines Geheimnisses sich sehr befreiend anfühlte. Erst zu diesem Zeitpunkt konnte ich damit beginnen, die Verletzungen meiner Seele, die ich als junges Mädchen erlitten hatte, zu heilen. Ich begriff endlich, dass ich mir all die Jahre selbst Vorwürfe gemacht hatte. Eins habe ich daraus gelernt: Die Scham, die ich mit mir herumschleppte, war die schwerste Bürde. Sich für nichts mehr zu schämen, zu wissen, wer man ist und wofür man steht – das ist Reife.

Immer, wenn ich mit einer schwierigen Entscheidung konfrontiert bin, frage ich mich: »Wie würde ich handeln, wenn ich keine Angst davor hätte, einen Fehler zu machen oder zurückgewiesen zu werden oder dumm und allein dazustehen?«

Eins weiß ich ganz sicher: Sobald man die Angst beiseiteschiebt, rückt die Antwort ins Blickfeld. Und *Sie* sollten wissen: Wenn Sie willens und bereit sind, sich Ihrer Angst zu stellen, dann kann Ihre härteste Prüfung Ihre immense Stärke zum Vorschein bringen.

Geht Ihnen das manchmal auch so? Ein altes Foto versetzt Sie unmittelbar zurück in jene Zeit – das geht so weit, dass Sie die Kleidung, die Sie damals trugen, beinahe auf der Haut spüren können.

Mir passiert das immer mit einem Bild, auf dem ich 21 Jahre alt bin und einen Rock trage, der vierzig Dollar gekostet hat. Das war mehr, als ich je zuvor für ein einzelnes Kleidungsstück ausgegeben hatte, aber mein erstes größeres Promi-Interview war es mir wert: Ich sollte über Jesse Jackson berichten, der an einer Highschool in der Nähe einen Vortrag zum Thema »Hoffnung kickt mehr als jede Droge!« hielt. Der Nachrichtenchef hielt das zwar für Zeitverschwendung, aber ich hatte darauf bestanden (genau genommen hatte ich ihn geradezu bekniet) und versichert, ich würde mit einem Bericht für die Hauptnachrichten zurückkommen – und so war es dann auch.

Ich liebte es schon damals, Geschichten über Menschen zu erzählen und aus ihren persönlichen Erfahrungen das Allgemeingültige herauszuarbeiten, etwas, das für die Zuschauer informativ, inspirierend und nützlich zugleich war.

Dennoch war ich unsicher, wie und zu welchem Thema ich Jackson ansprechen sollte. Hätte ich damals gewusst, was ich heute weiß, hätte ich keine Sekunde darauf verschwendet, mir über mein Vorgehen Gedanken zu machen.

Denn wenn es um Herzensangelegenheiten, Emotionen und Nähe geht und darum, vor einem großen Publikum zu sprechen, dann blühe ich auf. Irgendetwas passiert da zwischen mir und den Menschen, denen ich mich zuwende, wer auch immer sie sind: Ich merke, was sie empfinden und dass es ihnen mit mir ebenso geht. Eins weiß ich darum genau: Alles, was ich durchgemacht habe, haben auch sie durchgemacht, und vermutlich noch mehr. Das starke Band, das ich zwischen mir und meinen Gesprächspartnern spüre, rührt von dem Bewusstsein her, dass wir alle den gleichen Weg gehen und uns alle nach den gleichen Dingen sehnen: nach Liebe, Freude und Anerkennung.

Gleich welcher Herausforderung Sie sich stellen müssen, bedenken Sie dabei immer: Das Gemälde Ihres Lebens, das aus Ihren Alltagserfahrungen, Ihrem Verhalten, Ihren Reaktionen und Gefühlen entsteht, malen Sie selbst! Hätte ich das mit 21 bereits gewusst, ich hätte mir viel Kummer und so einige Selbstzweifel erspart. Es wäre einer Erleuchtung gleichgekommen zu begreifen, dass wir selbst die Maler unseres Lebens sind – und genau die Farben und Pinsel benutzen können, die wir selbst aussuchen.

Schon immer war ich sehr stolz auf meine Unabhängigkeit, meine Integrität, meine Hilfsbereitschaft. Aber zwischen Stolz und Ego verläuft ein sehr schmaler Grat, und ich habe gelernt, dass wir manchmal unser Ego ablegen müssen, um die Wahrheit zu erkennen. Immer, wenn es im Leben kompliziert wird, das weiß ich jetzt, sollte man sich am besten folgende einfache Frage stellen: »Was kann ich aus dieser Erfahrung lernen?«

Ich erinnere mich, wie es war, als ich 1988 erstmals die »Oprah Winfrey Show« selbst produzierte. Ich musste ein Studio kaufen, Sendeleiter einstellen und tausend andere Dinge tun, von denen ich nichts verstand. In diesen ersten Jahren habe ich eine Menge Fehler gemacht (einen so großen, dass wir hinterher einen Priester brauchten, um die bösen Geister aus dem Studio zu vertreiben). Zu meinem Glück war ich damals noch nicht so bekannt und konnte still und heimlich meine Lektion lernen und daran wachsen.

Der Preis meines heutigen Erfolgs besteht zum Teil darin, dass mir meine Lehren in aller Öffentlichkeit erteilt werden. Wenn ich strauchle, kriegen das alle mit, und an manchen Tagen erzeugt dieses Bewusstsein einen solchen Druck, dass ich schreien könnte. Aber eins habe ich gelernt: Ich bin kein Schreihals. Ich kann an einer Hand abzählen, wie oft ich in meinem Leben anderen Menschen gegenüber laut geworden bin: genau viermal.

In Momenten, in denen ich mich völlig überfordert fühle, ziehe ich mich an einen stillen Ort zurück: Schon eine Toilettenkabine kann Wunder wirken. Ich schließe die Augen, wende mich meinem Inneren zu und atme, bis ich diesen kleinen, stillen Raum in mir sehen kann – es ist die gleiche Stille, die auch in Ihnen ist, in den Bäumen, in allen Dingen. Ich atme so lange ein und aus, bis sich dieser Raum in mir ausbreitet und mich ganz ausfüllt. Und am Ende tue ich immer genau das Gegenteil von Rumschreien: Ich lächle angesichts der Wunder dieser Welt.

Es ist schließlich geradezu verblüffend, dass ich, eine Frau, die in Mississippi noch zur Zeit der Rassentrennung geboren und aufgewachsen ist, die in ihrer Jugend noch in die Stadt gehen musste, um fernzusehen (wir hatten selbstverständlich keinen Fernseher zu Hause), nun da bin, wo ich heute bin.

Wo immer Sie sich auf Ihrer Reise gerade befinden: Ich wünsche Ihnen, dass Sie vielen Herausforderungen begegnen. Die Fähigkeit, mit ihnen fertig zu werden, immer wieder einen Fuß vor den anderen zu setzen, ist ein großer Segen: in der Lage zu sein, den Berg des Lebens zu erklimmen, zu wissen, dass der Gipfel noch vor einem liegt, und aus jeder Erfahrung eine wertvolle Lehre zu ziehen.

Wir alle befinden uns manchmal an einem Tiefpunkt – wir müssen dann Stärke zeigen, fest in uns ruhen und wissen, wer wir sind.

Wenn Ihre Ehe zerbricht, wenn Sie einen Job verlieren, über den Sie sich definiert haben, wenn Menschen, auf die Sie gezählt haben, sich plötzlich von Ihnen abwenden – dann ist eine veränderte Sicht auf Ihre Lage der Schlüssel zu ihrer Verbesserung. Eins weiß ich genau: Jedes Hindernis auf unserem Weg hat eine Bedeutung. Und unsere Bereitschaft, aus Herausforderungen zu lernen, ist entscheidend dafür, dass wir nicht auf der Stelle treten, sondern vorankommen.

Ich kann spüren, wie mein Körper sich mit dem Älterwerden verändert. Wie sehr ich mich auch anstrenge, ich laufe nicht mehr so schnell wie früher, aber wissen Sie was: Es macht mir nicht wirklich etwas aus. Alles verändert sich: die Brüste, die Knie, die Einstellung. Ich bin immer wieder erstaunt darüber, wie sehr ich in mir ruhe. Ereignisse, die mich früher so aus der Fassung brachten, dass ich sofort eine Tüte Chips in mich hineinstopfen musste, entlocken mir heute kaum mehr als ein Gähnen. Und was noch besser ist: Ich kenne mich selbst so gut, wie man es nur kann, wenn man sein ganzes Leben aus sich gelernt hat.

Wie schon erwähnt, habe ich immer gewusst, dass eine Bühne und das Gespräch mit Zuschauern auf der ganzen Welt genau das ist, wofür ich gemacht bin – mein Nonplusultra. Doch das Universum steckt voller Überraschungen. Ich stelle nämlich immer wieder fest, dass wir uns gar nicht auf *ein* Nonplusultra beschränken müssen. Wenn wir aufmerksam durchs Leben gehen, dann können wir in den verschiedenen Phasen unser Lied in der jeweils richtigen Tonart zum Klingen bringen. Dann fügt sich alles, was wir je getan haben und wofür wir gemacht sind, in vollendeter Harmonie zu dem zusammen, was uns ausmacht. Wenn das geschieht, dann empfinden wir das Glück der Selbstverwirklichung.

Ich spüre, dass ich diesem Ideal immer näher komme, und ich wünsche Ihnen das Gleiche.

Die vermeintlichen Fallen und Rückschläge beim Streben nach Erfolg sind in Wahrheit ein Fingerzeig des Universums. Es fordert uns auf, die Richtung zu ändern: Das zu begreifen war eine der wichtigsten Lehren meines Lebens. Alles kann zu einem Wunder, einem Segen, einer Chance werden, wenn man sich entschließt, es so zu sehen. Wäre ich 1977 in Baltimore nicht als Hauptsprecherin der Sechs-Uhr-Nachrichten abgesetzt worden, wäre ich nicht zum richtigen Zeitpunkt mit der Talkshow in Erscheinung getreten.

Wenn man Hindernisse als das sieht, was sie sind, verliert man nie das Vertrauen in den Weg, den man einschlagen muss, um sein Ziel zu erreichen. Denn eins ist mir über all die Jahre klargeworden: Nur aus Ihrer momentanen Situation heraus finden Sie zu Ihrer Bestimmung. Wenn Sie also lernen, Misserfolge, Fehler und Rückschritte als Sprungbrett in die Zukunft zu begreifen, sind Sie ohne Zweifel unterwegs in die richtige Richtung.

In schwierigen Zeiten suche ich oft Trost in einem Gospel des Liedermachers Donnie McClurkin mit dem Titel »Stand«. Darin heißt es: »Was tun, wenn du schon alles getan hast, doch das scheint immer noch nicht genug? Was tun, wenn du schon alles gegeben hast und es dennoch nicht zu schaffen scheinst?« Die Antwort liegt in McClurkins einfachem Refrain: »You just stand!« – Halt es einfach aus!

Aus unserer Fähigkeit, Widerständen entgegenzutreten und sie zu überwinden, rührt unsere Stärke. Nicht, dass man mit Durchhaltevermögen vor Zweifeln, Angst oder Erschöpfung gefeit wäre – keineswegs. Aber auf eines können wir uns verlassen: Wenn wir in den schlimmsten Momenten immer einen Schritt mehr tun, als wir glauben schaffen zu können, wenn wir aus den unermesslichen Ressourcen schöpfen, über die jedes menschliche Wesen verfügt, dann nehmen wir daraus eine unschätzbare Lehre für unser Leben mit.

Eins habe ich vom Leben gelernt: Ohne Herausforderungen und Unglück, ohne Widerstände und manchmal auch

Schmerz entsteht keine Stärke. Genau die Probleme, angesichts deren Sie die Segel streichen und »Erbarmen!« schreien möchten, verhelfen Ihnen zu Hartnäckigkeit, Mut, Disziplin und Entschlossenheit.

Ich habe gelernt, auf die Stärke zu vertrauen, die ich von unseren Vorfahren geerbt habe: den Großmüttern, Schwestern, Tanten und Brüdern, die unfassbares Leid ertragen mussten und doch überlebt haben. »Ich gehe weiter voran, stark wie zehntausend«, schreibt Maya Angelou in ihrem Gedicht »Unsere Großmütter«. Während ich durch die Welt gehe, trage ich meine ganze Geschichte mit mir: All die Menschen, die mir den Weg ebneten, sind ein Teil von mir.

Denken Sie einen Moment lang an Ihre eigene Geschichte zurück. Nicht nur daran, wo Sie geboren und wo Sie aufgewachsen sind, sondern auch an die Umstände, die dazu beigetragen haben, dass Sie sich genau jetzt genau hier befinden. Welche Erlebnisse auf Ihrem Weg haben Sie verletzt oder verängstigt? Sehr wahrscheinlich gab es da einige. Bemerkenswert daran ist doch: Sie sind immer noch da, und Sie halten es aus.

NÄHE

»Liebe ist eine essentielle, existentielle Tatsache. Sie ist unsere tiefste Wirklichkeit und unser Sinn auf Erden.«

Marianne Williamson

Über all die Jahre haben mir meine Gespräche mit Tausenden Menschen gezeigt, dass wir alle ein Bedürfnis teilen: Wir wollen Wertschätzung erfahren. Ob Sie eine Mutter in Topeka oder eine Geschäftsfrau in Philadelphia sind, jede von uns sehnt sich in ihrem Innersten danach, geliebt, gebraucht, verstanden und bestätigt zu werden – nach innigen Beziehungen, in denen wir uns menschlich und lebendig fühlen.

Einmal interviewte ich in einer Sendung sieben Männer verschiedenen Alters und Hintergrunds, die eines verband: Sie alle hatten ihre Ehefrauen betrogen. Es war eines der interessantesten, aufrichtigsten Gespräche, die ich je geführt habe, und ein echtes Aha-Erlebnis für mich. Mir wurde bewusst, dass das Bedürfnis, gehört und gebraucht zu werden und wichtig zu sein, in uns so stark ist, dass wir diese Anerkennung in jeder erdenklichen Form suchen. Für viele Menschen – Männer wie Frauen – ist eine Affäre die Bestätigung, dass sie »in Ordnung« sind. Einer der Männer, mit denen ich sprach, war seit 18 Jahren verheiratet und der Ansicht gewesen, seine moralischen Überzeugungen würden ihn gegen erotische Versuchungen wappnen. Über seine Geliebte sagte er: »Sie hatte nichts Besonderes an sich. Aber sie hörte mir zu, war an mir interessiert und gab mir das Gefühl, etwas Besonderes zu sein.« Das ist der Schlüssel, dachte ich – wir alle wünschen uns, jemandem wichtig zu sein.

Als Kind wurde ich zwischen Mississippi, Nashville und Milwaukee hin- und hergeschoben und fühlte mich ungeliebt. Ich dachte, ich könnte durch besonders gute Leistungen meine Mitmenschen dazu bringen, mich zu akzeptieren. Später, in meinen Zwanzigern, maß ich meinen Wert daran, ob ein Mann mich liebte. Ich erinnere mich, dass ich einmal sogar die Hausschlüssel eines Freundes die Toilette hinuntergespült habe, nur um ihn daran zu hindern, mich sitzenzulassen. Ich unterschied mich nicht sonderlich von einer misshandelten Frau. Ich wurde zwar nicht jeden Abend verprügelt, aber mit meinen gestutzten Flügeln konnte ich mich auch nicht in die Höhe schwingen. So viel sprach für mich, und doch dachte ich, ohne einen Mann sei ich nichts. Erst Jahre später habe ich begriffen, dass ich die Liebe und Bestätigung, nach der ich mich sehnte, nur in mir selbst finden kann.

Wenn ich eins vom Leben gelernt habe, ist es, dass mangelnde Intimität nicht die Distanz zu einem anderen, sondern die Geringschätzung der eigenen Person ist. Es stimmt, wir alle brauchen Beziehungen, die uns bereichern und stützen. Doch ebenso stimmt es, dass wir unsere Zeit verschwenden, wenn wir nach jemandem suchen, der uns komplettiert und heilt, der die Stimme in uns zum Schweigen bringt, die uns ständig einflüstert: »Du bist nichts wert.« Warum das so ist? Ganz einfach: Wenn wir nicht selbst an unseren Wert glauben, dann werden auch unsere Freunde, Familie oder Lebensgefährten nichts sagen können, was uns vollständig davon überzeugt. Der Schöpfer hat die volle Verantwortung für unser Leben in unsere Hände gelegt, und mit dieser Verantwortung geht ein wunderbares Privileg einher: die Fähigkeit, uns selbst die Liebe, Zuneigung und Nähe zu schenken, die uns als Kind versagt worden ist. Wir selbst sind die besten Mütter, Väter, Schwestern, Freundinnen, Cousinen und Geliebten, die wir bekommen können.

Genau jetzt sind Sie nur eine Entscheidung davon entfernt, Ihrem Leben Bedeutung beizumessen – also entscheiden Sie sich dafür. Dann brauchen Sie keine Sekunde mehr an eine Vergangenheit zu denken, in der Ihnen die Bestätigung Ihrer Eltern gefehlt hat. Ja, Sie haben diese Liebe verdient, aber es liegt nun an Ihnen, sie sich zu geben und sich weiterzuentwickeln. Warten Sie nicht darauf, dass Ihr Ehemann Ihnen sagt, wie sehr er Sie schätzt, dass Ihre Kinder Ihnen bestätigen, was für eine großartige Mutter Sie sind, dass ein Mann Sie vom Fleck weg heiraten will oder dass Ihre beste Freundin Ihnen versichert, was für ein Goldstück Sie sind. Blicken Sie in Ihr Inneres – dort nimmt die Liebe ihren Anfang.

Der Schlüssel zu jeder Beziehung ist Kommunikation – und Kommunikation stelle ich mir immer wie einen Tanz vor. Der eine macht einen Schritt vorwärts, der andere einen Schritt zurück, und schon ein falscher kann dazu führen, dass beide auf dem Boden landen. Und wenn man sich in dieser Lage befindet – mit dem Ehepartner, Kollegen, Freund oder Kind –, dann ist meiner Meinung nach immer die folgende Frage die beste Option: »Worauf genau willst du hinaus?« Vielleicht führt das anfangs zu einer gewissen Verlegenheit, zu einem Räuspern oder kurzer Sprachlosigkeit. Aber wenn Sie so lange den Mund halten, bis Sie eine ehrliche Antwort bekommen, lautet diese garantiert sinngemäß: »Ich will sicher sein, dass du mich schätzt.« Signalisieren Sie Nähe und Verständnis und sagen Sie einen der wichtigsten Sätze, die man gesagt bekommen kann: »Ich höre dir zu.« Eins weiß ich genau: Es wird Ihrer Beziehung guttun.

Ich war nie sonderlich gesellig. Ich weiß, das mag vielleicht überraschen, aber jeder, der mich gut kennt, wird es bestätigen. In meinen Auszeiten war ich immer gerne allein – abgesehen von einem sehr kleinen Freundeskreis, den ich als meine erweiterte Familie betrachte. Ich wohnte schon Jahre in Chicago, da wurde mir plötzlich bewusst, dass ich die Freunde, die ich besucht hatte, oder die Abende, an denen ich mich mit jemandem zum Essen getroffen hatte oder einfach zum Spaß ausgegangen war, an einer Hand abzählen konnte (und dann würden immer noch Finger übrig bleiben).

Seit ich aus dem Haus meines Vaters ausgezogen war, hatte ich immer Wohnungen, in denen ich mir nicht einmal die Zeit nahm, den Nachbarn gegenüber kennenzulernen, geschweige denn die restlichen Bewohner meines Stockwerks. Dazu haben wir alle viel zu viel zu tun, sagte ich mir immer. Doch 2004, kurz nachdem mir das bewusst geworden war, zog ich in ein Haus – ja, ein Haus, keine Wohnung – in Kalifornien, und plötzlich eröffnete sich mir eine ganz neue Welt. Nach Jahren, in denen ich unter den

Augen der Öffentlichkeit mit den interessantesten Menschen weltweit gesprochen hatte, wurde ich plötzlich gesellig. Zum ersten Mal, seit ich erwachsen war, fühlte ich mich als Teil einer Gemeinschaft. Kurz nachdem ich eingezogen war und meinen Einkaufswagen im Supermarkt durch den Gang mit den Frühstücksflocken schob, sprach mich eine Frau an, die ich nicht kannte: »Willkommen in unserem Viertel. Wir alle wohnen sehr gerne hier und hoffen, Ihnen wird es genauso gehen.« Sie sagte das mit einer solchen Ernsthaftigkeit, dass mir fast die Tränen kamen.

In diesem Augenblick entschied ich mich sehr bewusst dafür, die Tür zu meinem Leben nicht mehr so fest zu verschließen, wie ich es all die Jahre in der Stadt getan und mich damit von der bloßen Möglichkeit abgeschottet hatte, meinen Freundeskreis zu erweitern. Nun lebe ich in einem Viertel, wo mich jeder kennt und ich jeden kenne.

Zuerst luden mich Joe und Judy von nebenan zu Joes selbstgemachter Pizza ein, die in einer Stunde fertig sein sollte. Ich zögerte nur kurz, schlüpfte in meine Flip-Flops und ging in Jogginghose und ohne Make-up rüber. Ich blieb letztendlich den ganzen Nachmittag. Sich bei Leuten zu verquatschen, die man nicht kennt, und nach Gemeinsamkeiten zu suchen, war für mich ganz neues Terrain und grenzte fast schon an ein Abenteuer.

Seither bin ich drei Türen weiter zum Tee bei den Abercrombies gewesen, bei einer Grillparty im Garten von Bob und Marlene, einer Poolparty bei Barry und Jelinda, habe Wassermelonen-Martini bei Julie getrunken und ein geselliges Beisammensein in Sallys Rosengarten genossen. Ich nahm an einem feinen Essen bei Annette und Harold teil, wo mehr Silberbesteck auf dem Tisch lag, als ich anwenden konnte, und an Margos Sparerib-Grillwettbewerb (natürlich hätte ich den Sieg verdient gehabt, aber leider gewann ich nicht). Ich habe bei den Nicholsons den Sonnenuntergang angesehen und Schwarzaugenbohnen gegessen und bin zu einem ultimativen Festmahl unter Sternen mit fünfzig Nachbarn bei den Reitmans gewesen. Ich lernte alle außer zweien namentlich kennen. Sie sehen also: Ich bin wirklich seeehr gesellig geworden.

Und dadurch hat mein Leben nun eine unverhoffte neue Facette. Ich habe eigentlich gedacht, mit dem Freundschaftenschließen sei ich durch. Aber zu meiner großen Überraschung habe ich festgestellt, dass ich mich darauf freue, auszugehen, Spaß zu haben, neue Kontakte zu knüpfen und andere Menschen in meinen Freundeskreis aufzunehmen. Mein Leben hat dadurch an Bedeutung gewonnen, und ich empfinde ein Gemeinschaftsgefühl, von dem ich vorher gar nicht wusste, dass ich es vermisst hatte.

Eins weiß ich jetzt sicher: Nichts passiert ohne Grund, und die fremde Dame, die mich im Lebensmittelgeschäft so freundlich angesprochen hat, hat etwas bewirkt: die Erkenntnis, dass ich diese neue Nachbarschaft zu einer richtigen Heimat machen konnte und nicht nur zu einem neuen Wohnort. Es war mir schon immer klar, dass das Leben schöner ist, wenn man es mit anderen teilt. Aber nun habe ich begriffen, dass man das noch toppen kann, wenn man den Kreis dieser anderen erweitert.

Sehen wir's, wie es ist: Über die Liebe wurde schon so viel gesprochen und debattiert, sie wurde derart trivialisiert und dramatisiert, dass die Idee davon inzwischen an eine weltweite kollektive Täuschung grenzt. Nur ist das den meisten von uns nicht bewusst, weil wir alle eigene festgefügte Vorstellungen davon haben, wie sie zu sein hat (vor allem soll sie einen vor lauter Entzücken schlicht umhauen) und wie sie auszusehen hat (sie soll bitteschön in dieser großen, schlanken, geistreichen und charmanten Verpackung daherkommen). Wenn die Liebe in der Realität dann nicht genau unserer persönlichen Wunschvorstellung entspricht, sind wir bedauerlicherweise oft unfähig, sie zu identifizieren.

Aber eins habe ich über die Jahre gelernt: Die Liebe steckt in allem. Man kann lieben und geliebt werden, egal wo man ist. Die Liebe existiert in jeder erdenklichen Form. Manchmal betrete ich meinen Vorgarten und spüre, wie alle Bäume Liebe ausstrahlen. Wer nach Liebe sucht, der bekommt sie auch.

Viele Frauen (ich eingeschlossen) lassen sich von romantischen Vorstellungen blenden und glauben, sie seien erst vollwertige Menschen, wenn sie jemanden gefunden haben, der ihr Leben komplettiert. Aber, wenn wir genau hinschauen, ist diese Annahme doch absurd. Sie allein sind ein vollwertiger Mensch. Und wenn Sie sich nicht so fühlen, dann können nur Sie allein das, was Ihnen leer und zerbrochen vorkommt, durch Liebe wiederherstellen – so wie Ralph Waldo Emerson es formulierte: »Nichts kann dir Frieden bringen außer dir selbst.«

Ich werde nie vergessen, wie ich einmal beim Aufräumen einer Schublade auf zwölf von mir verfasste Seiten stieß, einen waschechten Liebesbrief an einen Typen, mit dem ich damals zusammen war – Gott sei Dank hatte ich ihn nie abgeschickt! Ich war 29, verzweifelt und völlig verrückt nach dem Kerl. In diesen zwölf Seiten pathetischen Wimmerns und Flehens erkannte ich mich gar nicht wieder. Und auch, wenn ich sämtliche Tagebücher seit meinem 15. Lebensjahr aufbewahre, veranstaltete ich für dieses Zeugnis meiner Vorstellung von Liebe doch eine Einäscherungszeremonie. Ich wollte nicht, dass es einen schriftlichen Beweis dafür gibt, dass ich einmal derart selbstmitleidig und so wenig ich selbst gewesen war.

Ich habe sehr oft miterlebt, wie Frauen sich aufgegeben haben für Männer, die sich einen Dreck um sie scherten, wie sie sich mit Krümeln haben abspeisen lassen. Inzwischen weiß ich, dass eine Beziehung, die auf wahrer Liebe gründet, sich gut anfühlt. Sie sollte Ihnen Freude bringen – nicht nur manchmal, sondern meistens. Und nie sollten Sie dabei Ihre Identität, Ihr Selbstwertgefühl, Ihre Würde verlieren. Egal, ob Sie 25 oder 65 sind: In einer Beziehung sollte immer Ihr ganzes Ich zum Einsatz kommen – und dieser Einsatz sollte sich auch lohnen.

Romantische Liebe ist nicht die einzige, nach der es sich zu streben lohnt. Viele Menschen, die ich getroffen habe, sehnen sich danach, sich zu verlieben, durch Romantik ihrem Alltag zu entfliehen, wo doch direkt vor ihrer Nase Kinder, Nachbarn, Freunde und Fremde nach ein wenig Zuwendung hungern. Sehen Sie sich mal um, Gelegenheiten warten hinter jeder Ecke.

Wenn Sie es wiederum höchst anstrengend finden, in Liebesangelegenheiten Vollgas zu geben, dann starten Sie eben im ersten Gang. Zeigen Sie Mitgefühl, und schon bald werden Sie feststellen, dass ein tieferes Gefühl daraus entsteht. Über kurz oder lang werden Sie in der Lage sein, anderen Verständnis, Empathie, Fürsorge und – da bin ich ganz sicher – auch Liebe zu schenken.

Ist es nicht erstaunlich, dass in einer Krise wenige Worte genügen, um einem wieder Mut zu machen? Wie in jedem Leben gab es auch in meinem Momente tiefster Verzweiflung, aber immer haben mich Freunde mit ihrer Güte und Liebe wiederaufgebaut. Sie haben gefragt: »Kann ich dir irgendwie helfen?« und gar nicht gemerkt, dass sie es allein schon mit ihrer Frage getan hatten. Immer haben mir in schweren Zeiten gute Bekannte, aber auch völlig Fremde mit ihrer Unterstützung Brücken gebaut.

Nie werde ich vergessen, wie vor ein paar Jahren nach einem besonders schweren Rückschlag mein Freund BeBe Winans überraschend vorbeikam. »Ich bin hier, um dir etwas zu sagen«, meinte er. Und dann stimmte er mein Lieblingsspiritual an: »I surrender all. I surrender all. All to thee, my blessed Savior, I surrender all« (Ich begebe mich, mein Retter, ganz in deine Hände).

Ich saß still mit geschlossenen Augen da und öffnete mich diesem Geschenk aus Liebe und Gesang. Am Ende war aller Druck von mir abgefallen, ich war zufrieden mit meiner schieren Existenz. Zum ersten Mal seit Wochen fühlte ich wieder wahren Frieden in mir.

Als ich die Augen aufmachte und die Tränen wegwischte, strahlte BeBe mich an. Er lachte sein lautes, dröhnendes Lachen und umarmte mich. »Tja, Mädchen«, sagte er, »ich wollte dich nur daran erinnern, dass du die Last nicht ganz allein zu tragen brauchst.«

Dass Leute sich Gedanken über mein Befinden machen, wenn es mir gerade nicht gutgeht, das zeigt mir ihre Liebe. Und dass ich das weiß, das empfinde ich als Segen.

Eigentlich, so dachte ich, wusste ich eine Menge über Freundschaft. Doch dann fuhr ich elf Tage mit Gayle King in einem Chevy Impala quer durchs Land. Seit Anfang zwanzig waren wir enge Freundinnen, wir waren zusammen im Urlaub gewesen und hatten gemeinsam an meiner Zeitschrift gearbeitet. Und doch konnten wir noch eine Menge Neues aneinander entdecken.

Am Memorial Day 2006 machten wir uns auf, »um die Vereinigten Staaten in einem Chevrolet zu erkunden«, so etwa hieß es jedenfalls in einem alten Werbespot der Marke. Ich hatte das schon immer für eine zauberhafte Idee gehalten. Als wir in Kalifornien aus meiner Ausfahrt fuhren, schmetterten wir den Jingle überschwänglich und lachten uns tot dabei. Drei Tage später, rund um Holbrook, Arizona, summten wir nur noch die Melodie. Und nach fünf Tagen, in Lamar, Colorado, sangen wir überhaupt nicht mehr.

Die Reise war zermürbend. Jeden Tag sechs, acht, dann zehn Stunden nichts als Straße vor uns. Wenn Gayle fuhr, bestand sie immer auf Musik, ich dagegen wollte Stille. »Mit meinen Gedanken allein sein« wurde zu unserer stehenden Wendung. So ausgelassen, wie Gayle mitsang, wurde mir klar, dass es keinen Song gab, den sie nicht kannte (und praktisch jeden bezeichnete sie als ihr Lieblingslied). Das war für mich ebenso nervtötend, wie es die Stille für sie war, während ich am Steuer saß. Ich übte mich in Geduld. Und als mir die ausging, kaufte ich Ohrenstöpsel. Wir kamen jeden Abend völlig erschöpft in einem anderen Hotel an und waren dennoch immer in der Lage, über uns selbst zu lachen. Wir lachten über meine Spurwechsel-Angst. Meine Autobahn-Angst. Meine Überhol-Angst. Nicht zu vergessen meine Brückenüberquer-Angst.

Natürlich würde Gayle jedem versichern, dass ich eine ausgezeichnete Autofahrerin bin. Sie selbst fährt wirklich großartig, die Kurven auf dem Pennsylvania Turnpike nahm sie mit Eleganz und brachte uns zuverlässig nach New York. Es gab nur einen kleinen Zwischenfall. Als wir Pennsylvania erreichten, waren Gayles Kontaktlinsen schon zu lange drin, sie konnte nicht mehr gut sehen. Wir näherten uns der George-Washington-Brücke, glücklich, die lange Strecke hinter uns zu haben, auf der wir uns nur von Knabberzeug von der Tankstelle ernähren konnten. Es dämmerte schon, bald würde es ganz dunkel sein. Da sagte Gayle: »Es ist mir sehr unangenehm, aber ich muss dir gestehen, dass ich nichts sehe.«

»Wie meinst du das, du siehst nichts?« Ich bemühte mich, ruhig zu klingen.

»Ich sehe die ganzen Scheinwerfer nur verschwommen – ist das bei dir auch so?«

»Äh, nein, bei mir nicht. *Kannst du denn noch die Markierungen auf der Fahrbahn sehen?*« Das schrie ich jetzt fast, weil ich schon die Schlagzeilen vor mir sah: »Roadtrip von zwei Freundinnen endet in Horrorcrash auf der George-Washington-Brücke«. Man konnte nirgends rechts ranfahren, und die Autos waren sehr schnell unterwegs.

»Ich kenne diese Brücke wie meine Westentasche«, sagte sie. »Das wird uns retten. Und ich habe einen Plan: Wenn wir zur Mautstation kommen, fahre ich rechts ran, nehme die Linsen raus und setze die Brille auf.«

Bis zur Mautstation war es noch ein ganz schönes Stück. »Kann ich was tun?«, fragte ich panisch. »Soll ich für dich lenken?«

»Nein, ich halte mich einfach an die weißen Linien. Kannst du vielleicht meine Kontaktlinsen rausnehmen und mir die Brille aufsetzen?«, scherzte sie – zumindest dachte ich das.

»Das ist gefährlich und völlig unmöglich«, antwortete ich.

»Dann dreh die Klimaanlage auf, ich schwitze«, sagte sie.

Schweißgebadet erreichten wir die Mautstation – und

kamen sicher in New York an. Unser Team, das uns hinterherfuhr, ließ sich später T-Shirts mit der Aufschrift »Ich habe die Autofahrt überlebt!« drucken.

Eins weiß ich jetzt genau: Wenn man elf Tage mit jemandem auf engstem Raum zusammengepfercht ist und hinterher immer noch lachen kann, dann ist es wahre Freundschaft.

Wie mein geliebter Hund Sadie in mein Leben trat, ist eine höchst denkwürdige Geschichte: In einem Tierheim in Chicago legte sie mir ihre Pfoten auf die Schulter, leckte mein Ohr und flüsterte: »Bitte nimm mich mit.« So bettelte sie um ein neues Leben bei mir.

Wir hatten sofort einen Draht zueinander. Doch um sicherzugehen, dass mich nicht wieder mal meine generelle Hundebegeisterung übermannte, schlug Gayle vor, abzuwarten, wie ich morgen darüber denken würde. Also verordnete ich mir 24 Stunden Bedenkzeit. Am nächsten Tag wütete in Chicago ein fürchterlicher Schneesturm – nicht die beste Voraussetzung, um ein Hundebaby nach Hause zu holen, dachte ich, vor allem nicht, wenn man in einem Hochhaus wohnt. Selbst bei Sonnenschein ist es beschwerlich, aus dem 77. Stockwerk herunterzufahren – und Welpen müssen wirklich oft vor die Tür, wenn sie noch dabei sind, zu lernen, wann sie ihr Geschäft erledigen dürfen und wann nicht.

Dennoch schlüpften Stedman und ich in unsere Wintersachen und nahmen das Auto mit dem Allradantrieb, um quer durch die Stadt zu fahren. »Nur um noch mal einen Blick auf den Hund zu werfen«, hatte ich geschworen. Doch Miss Sadie, der kümmerlichste Welpe des Wurfs, rührte mein Herz – es gefällt mir eben, wenn der Außenseiter das Rennen macht.

Eine Stunde später standen wir bereits in einer Zoohandlung, um ein Körbchen, Hundewindeln, Halsband und Leine, Welpenfutter und Spielzeug zu kaufen.

Zuerst stand das Körbchen neben dem Bett. Aber sie heulte trotzdem. Wir stellten das Körbchen aufs Bett, direkt in die Mitte, so dass sie mich sehen konnte. Ich wollte um jeden Preis vermeiden, dass sie in ihrer ersten Nacht ohne ihre Geschwister allzu sehr unter der Trennung litt. Doch sie wimmerte und winselte nach wie vor. Dann jaulte sie ohrenbetäubend. Also nahm ich sie aus dem Körbchen und ließ sie auf meinem Kissen schlafen. Ja, ich weiß, so kann man einen Hund wirklich nicht erziehen. Ich machte es trotzdem, worauf Sadie mich mit ihren Hundegeschwistern verwechselte. Als ich am Morgen aufwachte, hatte sie sich an meine Schulter gekuschelt, wo sie am bequemsten schlafen konnte.

Fünf Tage nachdem ich sie geholt hatte, wurde ich komplett unvernünftig und ließ mich überreden, auch noch ihren Bruder Ivan zu adoptieren. 24 Stunden lang war alles in Butter: Ivan löste mich als Sadies Spielgefährte ab (es war sehr angenehm, mal keine Stöckchen werfen oder mit Plastikquietschhasen spielen zu müssen).

Einen ganzen Tag lang tollte Ivan mit Sadie und meinen zwei Golden Retrievern, Luke und Layla, herum. Dann verweigerte er sein Abendessen. Danach bekam er Durchfall, gefolgt von Erbrechen und noch mehr Durchfall. Das war am Samstag. Montagabend wussten wir dann, dass er den gefürchteten Parvovirus erwischt hatte.

Den hatte ich 13 Jahre zuvor schon mal mitgemacht, bei meinem braunen Cockerspaniel Solomon. Der Virus hatte ihn fast umgebracht, er verbrachte 20 Tage im Tierkrankenhaus. Doch Solomon war damals immerhin über ein Jahr alt – Ivan war erst elf Wochen. Sein junges Immunsystem war nicht stark genug, um damit fertig zu werden. Vier Tage nachdem wir ihn in die Notfallambulanz gebracht hatten, starb er.

An diesem Morgen verweigerte auch Sadie ihr Futter. Obwohl sie zuvor negativ getestet worden war, war mir klar, dass auch sie den Parvovirus hatte.

Und damit begannen mühevolle Rettungsversuche: Plasmatransfusionen, Antibiotika, Probiotika. Tägliche Besuche. In den ersten vier Tagen ging es ihr immer schlechter. Wir kamen an einen Punkt, an dem ich zum Tierarzt sagte: »Ich bin bereit, sie gehen zu lassen. Ich will ihr diesen schrecklichen Kampf ersparen.«

Aber sie kämpfte. Am folgenden Tag verbesserten sich ihre Leukozytenwerte, und zwei Tage später verschlang sie zufrieden ein paar Brocken Hühnerfleisch.

Kurz darauf kam Sadie nach Hause, mager und schwach, aber bereit, ein neues Leben zu beginnen. Schließlich wurde sie wieder ganz gesund.

In der Zeit, in der erst Ivan und dann sie im Krankenhaus waren, war ich besorgt und unruhig und schlief schlecht – so, wie es mir bei jedem anderen Familienmitglied ergangen wäre. Eins weiß ich genau: Haustiere lösen in uns bedingungslose Zuneigung aus – und erwidern sie. Und die Liebe zu Hunden kann man mit nichts vergleichen.

Wenn Sie die Liebe zum Gegenstand Ihrer Lebensgeschichte machen, wird diese Geschichte nie enden, weil Ihr Vermächtnis weiterexistiert. Der Mensch, den Sie zum Strahlen bringen, wird diesen Glanz an viele andere weitergeben. Und in einem bin ich mir jetzt schon ganz sicher: Wenn es irgendwann nichts mehr zu tun gibt, wenn der ganze Rummel vorbei ist, wenn die E-Mails ausbleiben – und wir dann eine Bilanz unseres Lebens ziehen, dann ist die Liebe, die wir gegeben und empfangen haben, das Einzige, was Bestand hat.

DANKBARKEIT

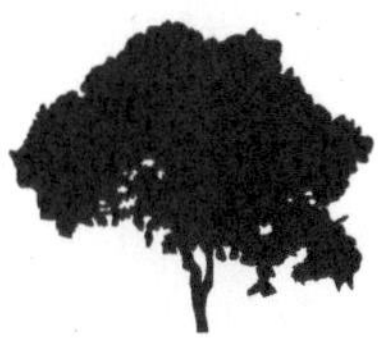

»Wäre das Wort ›danke‹ das einzige Gebet,
das du je sprichst, so würde es genügen.«

MEISTER ECKHART

Jahrelang habe ich gepredigt, wie viel Freude und Kraft von der Dankbarkeit ausgehen. Ein ganzes Jahrzehnt habe ich ein lückenloses Dankbarkeitstagebuch geführt – und alle meine Bekannten dazu gedrängt, das Gleiche zu tun. Dann wurde mein Leben plötzlich immer hektischer, mein Terminkalender überforderte mich. Nach wie vor nahm ich manchmal abends mein Tagebuch zur Hand, aber mein Ritual, jeden Tag fünf Dinge niederzuschreiben, für die ich dankbar war, kam mir abhanden.

Am 12. Oktober 1996 war ich für Folgendes dankbar:

1. Ein Lauf rund um die Fisher-Insel in Florida, bei dem eine sanfte Brise für Kühlung sorgte.
2. Ein Stück kalte Melone, das ich auf einer Bank in der Sonne verspeiste.
3. Ein ausgiebiges und vergnügliches Gespräch mit Gayle über ihr Blind Date mit einem Mann, der aussieht wie Mr Potato Head aus der *Toy Story*.
4. Eine Waffel mit Sorbet, das so lecker war, dass ich meine Finger abschleckte.

5. Maya Angelou, die mich anrief, um mir ein neues Gedicht vorzulesen.

Als ich vor ein paar Jahren wieder einmal auf diesen Tagebucheintrag stieß, fragte ich mich, warum ich solche schlichten Momente der Freude nicht mehr zu schätzen wusste. Seit 1996 hatte ich immer mehr Vermögen, Verantwortung und Besitz angehäuft. Alles war anscheinend exponentiell gewachsen, nur nicht meine Zufriedenheit. Warum nur war ich trotz all meiner Chancen und Möglichkeiten zu einem dieser Menschen geworden, die keine Zeit mehr haben, Freude zu empfinden? Ich war zerrissen zwischen so vielen Dingen, dass ich nichts davon mehr richtig wahrnahm. Ich war einfach zu beschäftigt.

In Wahrheit war ich auch 1996 beschäftigt. Aber damals stand die Dankbarkeit auf meiner Prioritätenliste noch ganz oben. Ich hielt den ganzen Tag Ausschau nach Gründen, dankbar zu sein, und irgendeinen fand ich immer.

Manchmal konzentrieren wir uns beim Erklimmen eines Berges so sehr auf die Schwierigkeiten, dass wir die Dankbarkeit dafür, dass wir überhaupt die Möglichkeit zum Hinaufsteigen haben, ganz aus den Augen verlieren.

Nach wie vor geht es in meinem Leben rund. Heute jedoch bin ich immerzu dankbar, dass ich über das nötige Durchhaltevermögen verfüge. Und ich führe wieder Tagebuch (inzwischen elektronisch). Wann immer ich in einem Augenblick Dankbarkeit empfinde, halte ich das fest. Denn eins habe ich gelernt: Wenn Sie das, was das Leben Ihnen bietet, wertschätzen, dann verändern Sie dadurch auch die Welt um Sie herum. Sie strahlen Güte aus, und sie wird Ihnen zuteil, wenn Sie sich auf das konzentrieren, was Sie alles haben, und nicht darauf, was Ihnen fehlt.

Sie werden erstaunt sein, was es bewirkt, wenn Sie sich jeden Tag ein wenig Zeit für die Dankbarkeit nehmen.

»Sag danke!« – diese Worte von Maya Angelou haben vor vielen Jahren mein Leben auf den Kopf gestellt. Ich saß eingeschlossen in meinem Badezimmer auf dem Toilettendeckel und schluchzte völlig zusammenhangloses Zeug ins Telefon.

»Hör auf damit!«, schalt mich Maya. »Hör sofort auf und sag danke!«

»Aber du verstehst mich nicht«, jammerte ich. Ich kann mich heute gar nicht mehr daran erinnern, was mich damals so mitnahm, was nur unterstreicht, worauf Maya hinauswollte.

»Doch, ich verstehe dich sehr gut«, sagte sie. »Ich möchte es jetzt von dir hören: Sag laut danke!«

Widerstrebend versuchte ich es: »Danke!«, und schniefte noch ein bisschen vor mich hin. »Aber wofür bedanke ich mich eigentlich?«

»Du bedankst dich dafür«, erklärte mir Maya, »dass dein Glaube so unerschütterlich ist, dass du nicht daran zweifelst, mit jedem Problem fertig zu werden. Du bedankst dich, weil du weißt, dass Gott auch im größten Unwetter einen Regenbogen in den Wolken erstrahlen lässt. Du bedankst dich, weil niemand ein Problem erschaffen kann, das vergleichbar ist mit dem Schöpfer dieser Welt. Bedank dich!«

Das tat ich – und tue es noch heute.

Natürlich ist es nicht einfach, immer dankbar zu sein. Aber gerade dann, wenn man am wenigsten Dankbarkeit empfindet, hat man das am nötigsten, was Dankbarkeit einem verschaffen kann: eine Perspektive. Dankbarkeit kann jede erdenkliche Lage verändern. Sie verändert die Stimmung, verwandelt negative in positive Energie. In einem bin ich mir ganz sicher: Es ist die schnellste, einfachste und wirksamste Methode, um einen Wandel in seinem Leben herbeizuführen.

Und das funktioniert so: Um Dankbarkeit zu empfinden, müssen Sie Ihr Ego in den Hintergrund drängen und Platz machen für Mitgefühl und Verständnis. Sie entscheiden sich gegen Frustration und für Wertschätzung. Und je dankbarer Sie sind, desto mehr Anlass wird es dafür geben.

Maya Angelou hatte so recht: Egal, was man durchmacht, man tut genau das: Man macht es durch. Es geht vorüber. Also bedanken Sie sich jetzt. Weil Sie sicher sein können, dass am Himmel wieder ein Regenbogen erscheint.

Schwer zu sagen, wie viel Zeit und Energie ich in meinem Leben schon auf Gedanken an meine nächste Mahlzeit verschwendet habe: was ich essen soll, was ich gerade gegessen habe, wie viele Kalorien und wie viele Gramm Fett es enthalten hat, wie viel Sport ich treiben muss, um die Kalorien wieder zu verbrennen, was passiert, wenn ich nicht trainiere, wie lange es dauert, bis sich das auf mein Gewicht niederschlägt und so weiter und so fort. In all den Jahren hat Essen mein Denken ganz schön beschäftigt.

Ich habe noch immer den Scheck, den ich meinem ersten Diätarzt ausgestellt habe. Das war 1977 in Baltimore, ich war 23 Jahre alt, wog 74 Kilo, trug Größe 40 und hielt mich für fett. Der Arzt setzte mich auf eine 1200-Kalorien-Diät, mit der ich in weniger als zwei Wochen fünf Kilo abnahm. Zwei Monate später hatte ich wieder sechs Kilo zugenommen. So begann der Teufelkreis meiner Unzufriedenheit, mein Kampf mit meinem Körper – und mir selbst.

Ich kämpfte bei jeder neuen Diät an vorderster Front: Ich versuchte es mit der Beverly-Hills- und der Atkins-Diät, mit der Scarsdale- und der Kohlsuppen-Diät, sogar mit der

Bananen-, Hotdog- und Eier-Diät. (Sie denken, ich mache Scherze? Ich wünschte, es wäre so.) Ich wusste damals nicht, dass ich mit jeder Diät meine Muskeln aushungerte, meinen Stoffwechsel ausbremste und mich dadurch konditionierte, immer mehr zuzunehmen. Etwa 1995, nach fast zwei Jahrzehnten Jo-Jo-Effekt, wurde mir endlich klar, dass die Dankbarkeit für meinen Körper, in welcher Form er sich auch gerade befand, der Schlüssel zu mehr Selbstliebe war.

Doch auch als ich das erkannt hatte, war es etwas ganz anderes, es auch in die Tat umzusetzen. Erst sechs Jahre später, nach einem halben Jahr mit unerklärlichem Herzrasen, kapierte ich es endlich. Am 19. Dezember 2001 schrieb ich in mein Tagebuch: »Eines ist klar: Dieses nächtliche Herzklopfen macht mir bewusster, wie glücklich ich bin, morgens aufzuwachen, macht mich dankbarer für jeden Tag.« Ich sah mein Herz nicht mehr als eine Selbstverständlichkeit, sondern dankte ihm für jeden einzelnen Schlag im Laufe meines Lebens. Ich staunte über das Wunder seiner Existenz: 47 Jahre lang hatte ich keinen bewussten Gedanken daran verschwendet, was mein Herz für mich tut, indem es mit jedem Schlag die Organe meines Körpers, mein Gehirn eingeschlossen, mit Sauerstoff versorgt.

Ich hatte mein Herz viel zu lange vernachlässigt und ihm die Unterstützung verwehrt, die es braucht. Zu viel Essen, zu viel Stress, zu viel von allem. Kein Wunder, dass es auch nachts im Bett noch raste. Ich glaube daran, dass alles, was in unserem Leben geschieht, eine Bedeutung hat. Jede Erfahrung enthält eine Botschaft, die wir nur wahrnehmen müssen. Was also hatte mir mein Herzrasen mitzuteilen? Ich kannte die Antwort noch nicht, aber schon die Frage brachte mich dazu, meinem Körper mehr Aufmerksamkeit zu schenken und zu überlegen, warum ich ihn nicht angemessen würdigte. Jede meiner unzähligen Diäten war immer dazu da, in etwas hineinzupassen – oder mich anzupassen. Mich um mein Herz, meinen eigentlichen Lebensmotor, zu kümmern war nie meine Priorität.

Eines kühlen, sonnigen Morgens setzte ich mich in meinem Bett auf und schwor mir, mein Herz zu lieben. Ich wollte es von nun an mit Respekt behandeln. Es nähren und versorgen. Es trainieren und ihm zum Ausgleich Ruhe gönnen. Und dann stieg ich eines Abends aus der Wanne und sah in den großen Spiegel. Zum ersten Mal verfiel ich nicht in meine übliche Selbstkritik. Stattdessen beglückte mich ein Gefühl der Dankbarkeit für das, was ich sah: mein geflochtenes Haar, kein bisschen Make-up auf meinem frisch gewaschenen Gesicht. Leuchtende, lebendige Augen. Schultern und Hals stark und aufrecht. Ich war dankbar für den Körper, in dem ich lebte.

Ich machte eine Inventur von Kopf bis Fuß, und auch wenn mir manches verbesserungswürdig erschien, empfand ich für keinen Teil meines Körpers Abneigung, nicht einmal für meine Cellulitis. Dies ist der Körper, der dir gegeben ist, dachte ich, also liebe das, was du hast. Und so begann ich, das Gesicht, mit dem ich geboren wurde, wirklich zu lieben. Die Falten, die ich bereits mit zwei Jahren unter meinen Augen hatte, sind inzwischen tiefer geworden, aber es sind meine Falten. An die breite Nase, die ich im Alter von acht Jahren mithilfe einer Wäscheklammer und zwei Wattebäuschen über Nacht liften wollte, habe ich mich gewöhnt. Die vollen Lippen, die ich früher beim Lächeln nach innen zu ziehen versuchte, sind die Lippen, mit denen ich Tag für Tag zu Millionen Menschen spreche – solche Lippen müssen voll sein.

In jenem Moment vor dem Spiegel erlebte ich meine ganz persönliche spirituelle Transformation: »a root revival of love« (ein frisches Sprießen der Liebe), wie Carolyn M. Rodgers in einem meiner Lieblingsgedichte, »Some Me of Beauty« (Etwas voller Schönheit in mir), schreibt.

Eins weiß ich genau: Es gibt keinen Grund, mit seinem Körper zu hadern, wo man doch in Liebe, Dankbarkeit und Frieden mit ihm leben kann.

Ich lebe im Reich der Dankbarkeit, und dafür bin ich schon tausendfach belohnt worden. Es begann mit dem Dank für Kleinigkeiten, und je dankbarer ich war, desto mehr wurde mir geschenkt. Das liegt daran – das musste ich erst lernen –, dass das, worauf man seine Aufmerksamkeit richtet, wächst. Indem Sie die Aufmerksamkeit auf das Gute in Ihrem Leben richten, machen Sie es größer.

Geben ist seliger denn Nehmen – das haben wir alle schon zu hören bekommen. Und eins weiß ich ganz sicher: Es macht auch viel mehr Spaß. Eine mit Bedacht gewählte Gabe, die mit Freude empfangen wird – nichts macht mich glücklicher.

Ich lüge nicht, wenn ich sage, dass jedes Geschenk, das ich gemacht habe, mich mindestens ebenso froh gemacht hat wie den Beschenkten. Ich schenke, wenn mir danach ist. Das kann ein handgeschriebener Brief sein, der den Empfänger überrascht. Oder ich schicke jemandem eine tolle neue Creme, die ich entdeckt habe, oder überreiche einen Gedichtband mit einer schönen Schleife. Es kommt nicht auf das Geschenk selbst an, sondern darauf, dass du etwas von dir selbst mitschenkst, das in Erinnerung bleibt, wenn das Geschenk schon nicht mehr da ist.

Meine Freundin Geneviève hat mir einmal eine weiße Schale mit leuchtend gelben Zitronen vor die Tür gestellt. Sie waren aus ihrem Garten, frisch gepflückt, hatten noch Stiele und Blätter, und an einer hübschen grünen Schleife hing ein Zettel, auf dem »Guten Morgen« stand. Das Arrangement in seiner Schlichtheit war so wunderschön, dass ich noch lange, nachdem die Zitronen verschrumpelt waren, jedes Mal, wenn ich an der Stelle vorbeikam, wo Geneviève sie deponiert hatte, an die Absicht hinter dieser Geste dachte. Ich habe jetzt immer eine Schale mit Zitronen, die mich an dieses »Guten Morgen« erinnern.

Vielleicht haben Sie davon gehört, dass ich einmal in meiner Sendung allen Zuschauern Autos schenkte, es waren Pontiac G6. Nie hatte ich im Fernsehen mehr Spaß. Doch vor dieser Wahnsinnsaktion saß ich meditierend in meiner dunklen Garderobe und versuchte, mich auf den Augenblick zu konzentrieren und mir keine Sorgen zu machen, ob die bevorstehende Riesenüberraschung auch gelingen würde. Ich hatte großen Wert darauf gelegt, dass im Publikum nur Leute saßen, die wirklich dringend ein Auto benötigten, damit die ganze Aufregung auch einen tieferen Sinn hatte. Meine Gabe sollte das Wesen des Teilens vermitteln. Dafür betete ich, als ich zwischen meinen Schuhen und Taschen in der Dunkelheit saß. Dann ging ich hinunter ins Studio, und meine Gebete wurden erhört.

Ich bin im Grunde immer ein Mädchen vom Lande geblieben. Im ländlichen Mississippi, wo ich aufgewachsen bin, isst man nichts, was man nicht selbst gepflanzt oder aufgezogen hat (wie Schweine oder Hühner). Meiner Großmutter dabei zu helfen, Rübstiel zu ernten, auf der Veranda zu sitzen und Bohnen zu brechen und Erbsen zu palen, hielt ich für ganz normale Tätigkeiten.

Von Frühling bis Herbst ist inzwischen mein liebster Wochentag der, an dem wir in den Garten gehen und ernten: Artischocken, Spinat, Kürbis, grüne Bohnen, Mais, Tomaten und Blattsalat, dazu körbeweise frische Kräuter, Zwiebeln und Knoblauch. Im Angesicht dieser Fülle geht mir das Herz auf!

Voller Ehrfurcht stelle ich immer wieder fest, wie wenig man doch pflanzt und wie viel man dafür erntet. Und tatsächlich ist die Quantität zugleich mein Problem: Ich kann gar nicht alles selbst essen, aber ich will auch nichts von dem verkommen lassen, das ich habe wachsen sehen. Etwas wegzuwerfen, das man selbst gesät hat, fühlt sich an, als würde man ein Geschenk missachten. Ich teile alles mit meinen Nachbarn, und dennoch wächst immer mehr nach.

Gesunde Nahrungsmittel kommen aus der Erde. Und egal, ob man sie von einem Bauernmarkt, dem örtlichen Lebensmittelhändler oder aus dem eigenen Garten holt, eins weiß ich genau: Die Freuden guten Essens sollte man ganz bewusst genießen.

Einmal habe ich mir einen Pfirsich aufgeschnitten, der so süß und so saftig war, so göttlich pfirsichmäßig schmeckte, dass ich beim Essen die ganze Zeit dachte, es gebe keine Worte dafür, ihn angemessen zu beschreiben – man müsse ihn kosten, um das Wesen eines Pfirsichs wirklich zu begreifen. Ich habe die Augen geschlossen, um sein Aroma noch besser würdigen zu können. Aber selbst das genügte mir nicht. Ich habe die letzten zwei Schnitze aufgehoben, um Stedman probieren zu lassen. Ich wollte wissen, ob er meine Einschätzung, dass es sich hier um den besten Pfirsich der Welt handelte, teilte. Beim ersten Bissen hat er gesagt: »Mmmmmh – der Pfirsich erinnert mich an meine Kindheit.« Und so wurde dieser kleine Pfirsich immer größer, wie alles, dessen Wertschätzung man mit anderen Menschen teilt.

Ich erinnere mich noch gut daran, wie ich mich das erste Mal von der Vorstellung befreite, dass man nur Familie und Freunde beschenkt, und für jemanden, den ich nicht kannte, etwas tat, was wirklich von Belang war. Als Reporterin in Baltimore hatte ich eine Geschichte über eine in Not geratene junge Mutter und ihre Kinder gemacht. Ich werde nie vergessen, wie ich hinterher noch einmal zu ihnen fuhr und die ganze Familie in ein Einkaufszentrum mitnahm, um ihnen Wintermäntel zu kaufen. Sie waren überwältigt von meiner Geste, und ich wiederum erfuhr, wie schön es sich anfühlt, einem Bedürftigen ganz unerwartet etwas Gutes zu tun.

Das war in den späten Siebzigern, und seither konnte ich zu meinem Glück vielen Menschen wirklich großartige Geschenke machen: von der Kaschmirbettwäsche bis hin zum Schulgeld fürs College. Ich habe Häuser verschenkt. Autos. Weltreisen. Die Dienste eines wirklich guten Kindermädchens. Und doch denke ich, ist das Schönste, was man verschenken kann, immer noch man selbst.

Bei einem Mittagessen zu meinem fünfzigsten Geburtstag

schrieb jede teilnehmende Frau auf einen Zettel, was unsere Freundschaft ihr bedeutet. All diese Zettel wurden mir in einer silbernen Schachtel überreicht, die nach wie vor einen Ehrenplatz auf meinem Nachtkästchen hat. An Tagen, an denen es mir nicht so gutgeht, ziehe ich einen Zettel heraus und lasse mich von seinen Worten wieder aufrichten.

Etwa ein Jahr später war ich Gastgeberin einer Wochenendveranstaltung zu Ehren von achtzehn großartigen Mentorinnen, die Brücken gebaut und Hemmnisse beseitigt hatten, und ein paar Dutzend jungen Frauen, denen sie den Weg geebnet hatten. Das Ereignis nannte ich »Legends Ball«, und danach bekam ich Dankesbriefe von allen jungen Teilnehmerinnen. Die Briefe wurden in Schönschrift zu einem Buch gebunden, das ich zu meinen wertvollsten Besitztümern zähle. Und diese Briefe inspirierten mich kürzlich, als eine Freundin von mir eine schwere Zeit durchmachte, zu einer Aktion: Ich rief alle ihre Freundinnen an, forderte sie auf, ihr etwas Liebes zu schreiben, und ließ die Texte zu einem Buch binden.

Ich gab also etwas weiter, das ich auch schon mal von jemandem erhalten hatte. Denn das habe ich gelernt: Diese Kette des Gebens nicht abreißen zu lassen ist unsere Aufgabe.

Am Nebentisch wurde gefeiert, die Runde machte einen Mordslärm, und fünf Kellner sangen »Happy Birthday, liebe Marilyn«. Auch unser Tisch applaudierte, als Marilyn die Kerze auf dem kleinen Schokoladenkuchen ausblies, den man ihr überreicht hatte. Jemand bat mich, ein Gruppenfoto zu machen.

»Gerne«, sagte ich und fragte nebenbei in die Runde: »Wie alt ist Marilyn geworden?«

Der ganze Tisch brach in verlegenes Gelächter aus. Einer sagte in gespielter Empörung: »Wie können Sie das nur fragen?«

Marilyn senkte beschämt den Kopf und erklärte mir: »Ich trau mich nicht, es zu sagen.«

Zuerst war ich amüsiert, dann bestürzt. »Sie wünschen sich ein Geburtstagsfoto, aber wollen nicht verraten, wie alt Sie sind?«

»Na ja, ich will es zumindest nicht laut aussprechen. Schon seit Wochen macht mich die Aussicht auf diesen Tag fix und fertig. Es macht mich ganz krank, nur daran zu denken.«

»Es macht Sie krank, daran zu denken, dass Sie ein weiteres Jahr gemeistert haben, dass jede Ihrer Sorgen, jeder Streit, jedes Problem, jede Freude, jeder Atemzug an jedem Tag Sie zu dem heutigen Tag geführt haben? Sie haben es geschafft, Sie feiern es – mit einer einzigen kleinen Kerze –, und zugleich wollen Sie es nicht wahrhaben?«

»Es ist nicht so, dass ich es nicht wahrhaben will«, sagte sie. »Ich will nur nicht 43 sein.«

»Sie sind 43? O Gott, ich verstehe, warum das niemand erfahren soll«, antwortete ich in gespieltem Entsetzen. Aus der Runde erklang wieder das verlegene Gelächter.

Wir machten das Foto, aber danach ging mir der Gedanke an Marilyn und ihre Freunde nicht mehr aus dem Kopf.

Ich musste auch an Don Miguel Ruiz denken, der eines meiner Lieblingsbücher verfasst hat: ›Die vier Versprechen‹. Don Miguel sagt: »Fünfundneunzig Prozent der Glaubenssätze, die wir in unserem Kopf gespeichert haben, sind nichts als Lügen, und wir leiden, weil wir alle diese Lügen für wahr halten und an sie glauben.«

Zu den Lügen, die wir glauben, nach denen wir leben und die wir so immer wieder bekräftigen, gehört auch, dass älter werden zugleich hässlicher werden bedeutet. Wir beurteilen uns selbst und andere dann unter dieser

Prämisse und klammern uns verzweifelt an unser altes Ich.

Aus diesem Grund war es mir immer wichtig, mit möglichst vielen Frauen über das Älterwerden zu sprechen. Ich habe praktisch alle dazu befragt, von Bo Derek bis Barbra Streisand.

Ali McGraws Statement zu dem Thema: »Die Botschaft, die Frauen in meinem Alter den verschreckten Dreißig- und Vierzigjährigen senden, lautet: ›Es ist praktisch vorbei.‹ So eine Lüge!«

Beverly Johnson meinte: »Warum versuche ich, mir einen Teenagerkörper zu bewahren, wo ich doch kein Teenager mehr bin und jeder das weiß? Diese Einsicht war eine Erleuchtung für mich.«

Und auch Cybill Shepherds Offenheit sorgte für eine wichtige Erkenntnis: »Ich hatte große Angst, dass ich nichts mehr wert sein würde, wenn ich älter werde.«

Wenn Ihnen das Älterwerden vergönnt ist – so sehe ich das nämlich (angesichts all jener, die ihr Alter nicht erleben, beispielsweise weil sie am 11. September ihr Leben verloren) –, dann können Sie viel von der Klugheit derer profitieren, die diesen Prozess mit Charme, Elan und Anmut meistern.

In dieser Hinsicht hatte ich wunderbare Mentoren: Maya Angelou, die noch mit Mitte achtzig auf Vortragsreisen ging.

Quincy Jones, der immer an irgendeinem abgelegenen Fleckchen dieser Welt neue Projekte ins Leben ruft. Sidney Poitier, der verkörpert, wer und wie ich sein will, falls mir das Geschenk eines so langen Lebens zuteilwird. Er liest alles, was er in die Finger kriegen kann, schreibt mit 85 an seinem ersten Roman und arbeitet ständig daran, seinen Horizont zu erweitern.

Ja, wir leben in einer Kultur des Jugendwahns, die uns kontinuierlich vermitteln will, dass wir nicht mehr zählen, wenn wir nicht jung und strahlend und »sexy« sind. Aber ich verweigere mich einer derart verzerrten Realitätswahrnehmung. Und niemals würde ich hinsichtlich meines Alters lügen oder es verschweigen. Wer das tut, trägt zur krankhaften Neigung unserer Gesellschaft bei, etwas sein zu wollen, das man nicht ist.

Eins habe ich vom Leben gelernt: Nur indem man akzeptiert, wer und wie man ist, kann man das Leben voll ausschöpfen. Mir tut jeder leid, der auf die Illusion hereinfällt, man könne der bleiben, der man einmal war. Nicht durch Verleugnung gelingt ein Leben, sondern indem man jeden Augenblick nimmt, wie er kommt, und das Hier und Jetzt beim Schopf packt.

Sie sind nicht dieselbe Frau wie vor zehn Jahren – wenn Sie Glück haben, sind Sie auch nicht dieselbe Frau wie vor einem Jahr. Entscheidend am Altern ist aus meiner

Sicht die Veränderung. Wenn wir sie zulassen, dann führen unsere Erfahrungen zur Selbsterkenntnis. Ich zelebriere das. Ich honoriere das. Ich habe Ehrfurcht davor. Und ich bin dankbar für jedes Lebensjahr, das mir geschenkt wird.

Nie habe ich vorausgesehen, dass ich meine Talkshow letztendlich 25 Jahre lang moderieren würde. Nach zwölf Jahren dachte ich bereits einmal ans Aufhören. Ich wollte nicht das Mädchen sein, das zu lange auf einer Party bleibt. Ich fürchtete, meine Popularität überzustrapazieren.

Dann spielte ich in dem Film ›Menschenkind‹ mit, in dem eine frühere Sklavin ihre neu errungene Freiheit auslotet. Diese Rolle veränderte meine Sicht auf meine Arbeit. Wie konnte ich, der sich Möglichkeiten eröffnet hatten, von denen meine Vorfahren nur träumen konnten, daran denken, nur aus einem Gefühl der Ermüdung heraus aufzuhören? Also verlängerte ich meinen Vertrag um weitere vier Jahre. Dann noch mal um zwei.

Als ich die Zwanzig-Jahre-Marke überschritten hatte, war ich praktisch sicher, dass ich nun Schluss machen könnte. Doch genau da erhielt ich eine E-Mail von Mattie Stepanek. Mattie war zwölf Jahre alt und litt an einer seltenen Form der Muskeldystrophie. Er hatte in meiner Sendung seine Gedichte präsentiert, und wir waren schnell enge Freunde geworden. Wir mailten uns oft und telefonierten auch, wenn es sich einrichten ließ. Er brachte mich zum Lachen. Manchmal auch zum Weinen. Aber vor allem sorgte er dafür, dass ich mich menschlicher und präsenter fühlte und in der Lage war, auch die ganz kleinen Dinge zu schätzen.

Mattie hatte in seinem jungen Leben bereits viel gelitten und lag immer wieder im Krankenhaus, doch er jammerte kaum. Wenn er redete, dann hörte ich ihm zu. Und im Mai 2003, als ich mich mit der Entscheidung herumschlug, die Show einzustellen, war sein Einfluss ausschlaggebend dafür, dass ich meine Meinung noch einmal änderte. Er schrieb mir Folgendes:

Liebe Oprah,
hallo, ich bin's, Mattie, … Dein Kumpel. Ich bete und hoffe, dass ich rund um den Memorial Day nach Hause komme. Aber das ist noch nicht sicher, darum rede ich nur mit ganz wenigen Leuten darüber. Anscheinend läuft immer, wenn ich darauf hinarbeite, entlassen zu werden, irgendwas schief. Die Ärzte können mich zwar nicht heilen, aber sie sind einverstanden, dass ich nach Hause gehe. Und mach Dir keine Sorgen, ich gehe nicht »nach Hause, um zu sterben« oder so. Ich gehe nach Hause, weil sie hier nichts mehr für mich tun können, und wenn ich gesund werde, dann weil es mir bestimmt ist, und wenn nicht, dann ist meine Botschaft draußen in der Welt, und für mich ist es

Zeit, in den Himmel zu kommen. Ich persönlich hoffe ja, dass ich meine Botschaft noch ein bisschen länger verbreiten darf, aber das liegt wirklich in Gottes Hand. Aber egal ... Ich brauche jetzt nur noch einmal die Woche eine Bluttransfusion, also geht es schon besser. Und auch wenn es seltsam klingt, ich finde es richtig cool, dass ich Blut und Blutplättchen von so vielen Menschen habe. Das verbindet mich irgendwie mit der Welt, und das macht mich stolz.
Ich weiß, dass Du vorhast, Deine Show zu ihrem 20-jährigen Jubiläum einzustellen. Meiner Meinung nach solltest Du damit erst zum 25. Geburtstag aufhören. Ich erkläre Dir auch, warum: Mir scheint 25 sinnvoller, zum Teil, weil ich eine leichte Zwangsneurose habe und 25 eine perfekte Zahl ist. Sie ist eine perfekte Quadratzahl und steht für ein Viertel, nicht nur für ein Fünftel wie die 20. Außerdem, wenn ich an die 25 denke, vor allem, wenn es um Rückzug oder Vollendung geht, tauchen in meinen Kopf aus irgendeinem Grund helle Farben und die Gedanken an neues Leben auf. Ich weiß, das klingt seltsam, aber es ist wahr. Du hast schon in vielerlei Hinsicht Geschichte geschrieben, eine wundervolle und schöne Geschichte, warum willst Du diese Geschichte nicht noch größer machen, indem Du Deine Sendung, die auf so würdevolle Weise so viele Menschen berührt und inspiriert hat, ein Vierteljahrhundert lang machst? Denk doch mal darüber nach. Und natürlich ist das nur meine Meinung, aber manchmal habe ich Sachen einfach im Gefühl,

und in dem Fall ist es so. Ich glaube, es wäre gut für die Welt und gut für Dich.
Wir haben uns lieb, das weiß ich.
Mattie

Jeder, der mich kennt, weiß, dass auch ich manchmal etwas »einfach im Gefühl« habe, und mein Bauch sagte mir, dass ich auf diesen wunderbaren Jungen hören sollte, der unserer Zeit so viel zu sagen hat.

Irgendwie war ihm damals 2003 klar, dass ich weder emotional noch geistig so weit war, diese Phase meiner Karriere zu beenden.

Als ich schließlich bereit war, das nächste Kapitel aufzuschlagen, ging ich diesen Schritt ohne Reue – ich verspürte nur Gnade und Dankbarkeit. Und eins weiß ganz sicher: Mattie ist im Himmel, wo auch immer das sein mag.

Jeden Morgen ziehe ich meine Vorhänge auf, um einen ersten Blick auf den vor mir liegenden Tag zu werfen. Und egal, wie er aussieht – regnerisch, neblig, bedeckt oder sonnig –, mein Herz ist voller Dankbarkeit, dass ich eine neue Chance bekomme.

In guten wie in schlechten Zeiten weiß ich eins genau: Dieses Leben ist ein Geschenk. Und dabei ist es egal, wo wir leben, wie wir aussehen oder womit wir unser Geld verdienen. Ich glaube, wenn es darum geht, was wirklich zählt – Lachen und Weinen, Trauer und Sehnsucht, Begeisterung und Glück –, sind unsere Herzen alle gleich. Nur das, *wofür* sie schlagen, unterscheidet sich. Zu meinen Herzensangelegenheiten gehören diese 15:

1. In meinem Garten Gemüse anpflanzen.
2. Am Sonntagmorgen für Stedman Blaubeer-Zitronen-Pfannkuchen backen. Darüber gerät er jedes Mal in Entzücken – als wäre er immer noch sieben Jahre alt.
3. Mit allen meinen Hunden auf dem Rasen vor dem Haus herumtoben.

4. Ein kühler, regnerischer Tag, an dem ein Feuer im Kamin lodert.
5. In meinem Garten Gemüse ernten.
6. Ein richtig gutes Buch.
7. An meinem liebsten Platz auf der ganzen Welt, unter meinen Eichen, sitzen und lesen.
8. Gemüse aus meinem Garten zubereiten.
9. So lange schlafen, bis mein Körper von selbst aufwacht.
10. Statt von Getwitter von echtem Gezwitscher geweckt werden: von Vögeln.
11. So hart trainieren, dass mein ganzer Körper nach Luft schnappt.
12. Gemüse aus meinem Garten essen.
13. Ruhig sein.
14. Stille wahrnehmen.
15. Meine tägliche spirituelle Übung der Dankbarkeit: Ich preise mein Leben, indem ich jeden Tag mein Glück preise.

CHANCEN

»Steig, trinke Äther, schau Niegeschautes!
Scheide von mir, aber steig!«

Edna St. Vincent Millay

Wie kann ich mein persönliches Potential noch besser entfalten? Diese Frage stelle ich mir immer noch, vor allem, wenn ich darüber nachdenke, was in nächster Zeit auf mich zukommt.

Bei jedem Job, den ich gemacht habe, in jeder Stadt, in der ich gelebt habe, habe ich immer gewusst, wann es an der Zeit war, weiterzuziehen: nämlich dann, wenn meine Möglichkeiten zu wachsen ausgeschöpft waren. Manchmal hatte ich Angst vor dem Weiterziehen, doch das hat mich gelehrt, dass wahrer Mut bedeutet, Angst zu haben und dennoch mit schlotternden Knien vorwärtszugehen. Nur durch einen beherzten Schritt nähern wir uns unserer wahren Bestimmung. Wenn wir es zulassen, lähmt uns die Angst, und wenn sie uns erst einmal in ihren Klauen hat, wird sie alles daran setzen, uns daran zu hindern, das Beste aus uns zu machen.

Ich habe eins vom Leben gelernt: Nicht das, was Sie ängstigt, hat Macht über Sie, sondern die Angst selbst hat diese Macht. Die Sache an sich kann Ihnen nichts anhaben. Die Angst jedoch ist in der Lage, Ihnen Ihr Leben aus der Hand zu nehmen. Immer wenn Sie ihr nachgeben, geht Ihnen Stärke verloren, und die Angst gewinnt Stärke hinzu. Auch wenn der Weg, der vor Ihnen liegt, noch so beschwerlich zu sein scheint, müssen Sie sich dazu durchringen, die Angst beiseitezuschieben und vorwärtszugehen.

Vor einigen Jahren schrieb ich jeden Tag die folgende Frage in mein Tagebuch: »Wovor habe ich Angst?« Dadurch wurde mir mit der Zeit bewusst, dass, obwohl ich nach außen so mutig wirkte, die Angst mein Inneres fest im Griff hatte. Ich hatte Angst davor, nicht gemocht zu werden. Ich fürchtete die Zurückweisung, wenn ich einmal nein sagte. Alles, was ich tat, dachte, fühlte, sagte und sogar was ich aß, stand im Zusammenhang mit der Angst, die ich mit mir herumschleppte. Ich hatte zugelassen, dass sie mich davon abhielt, mich selbst zu finden.

Der bekannte Fernsehpsychologe Dr. Phil McGraw sagt immer, man könne nur das ändern, was einem bewusst ist. Bevor ich meine Angst in die Schranken weisen und mein Selbstbild ändern konnte, musste ich mir tatsächlich erst eingestehen, dass ich immer Angst gehabt hatte – und dass das eine Form der Versklavung ist. Der Schriftsteller Neale Donald Walsch schreibt: »Solange du dir darüber Sorgen machst, was andere von dir denken, gehörst du ihnen. Nur wenn du keine Zustimmung von außen brauchst, kannst du dir selbst gehören.«

Es stimmt schon: Wenn man den Mut aufbringt, zu sich zu stehen, wenn man es wagt, aus der Reihe zu tanzen, den Mund aufzumachen, sich zu verändern oder einfach etwas außerhalb dessen zu tun, was als Norm gilt, sind die Folgen nicht immer angenehm. Dann muss man sich auf Hindernisse gefasst machen. Man kann ins Straucheln geraten. Manche halten einen vielleicht für verrückt. Manchmal kommt es einem so vor, als wolle die ganze Welt einem beweisen, was man alles nicht werden und nicht tun kann. (Manchmal sind Leute sogar gekränkt, wenn man die begrenzten Erwartungen, die sie in einen gesetzt haben, übertrifft.) Und in schwachen Augenblicken lassen einen Angst und Selbstzweifel zaudern. Man ist so erschöpft, dass man aufgeben möchte. Aber die Alternativen sind viel schlimmer: Man steckt für Jahre in freudlosem Trott fest. Oder man schlägt sich Tag für Tag mit der reuevollen Frage herum: Wie wäre mein Leben verlaufen, wenn ich mich nicht darum geschert hätte, was die Leute denken?

Wie wäre es, wenn Sie auf der Stelle beschließen, sich nicht mehr von Ihrer Angst blockieren zu lassen? Wie wäre es, wenn Sie einfach lernen, mit ihr zu leben, und durch ihren Antrieb sogar etwas zu erreichen, das Sie nie für möglich gehalten hätten? Vielleicht entdecken Sie dann, wie angenehm es ist, die Erwartungen der anderen einfach auszublenden und endlich auf Ihre eigenen Bedürfnisse zu hören. Und Sie lernen, dass Sie im Grunde niemandem außer sich selbst etwas beweisen müssen. Das ist es, was ohne Angst leben und nach dem bestmöglichen Leben zu streben wirklich bedeutet.

Mut zeigt sich in Wahrheit nicht daran, ob Sie ein Ziel erreichen oder nicht, sondern daran, ob Sie sich immer wieder aufrappeln, ganz gleich, wie oft Sie schon auf die Nase gefallen sind. Ich weiß, dass das nicht leicht ist, aber ich weiß auch noch etwas: Wer den Mut hat, aufzustehen und seinen kühnsten Träumen nachzujagen, wird vom Leben mit wunderbaren Abenteuern belohnt. Und was ist schon kühn? Wo immer Sie gerade stehen, Sie sind genau jetzt nur einen einzigen entschlossenen Schritt entfernt von einem neuen Anfang.

Eines meiner prägendsten Erlebnisse hatte ich in der dritten Klasse. Für einen Aufsatz über ein Buch wurde ich von der Lehrerin gelobt, und meine Klassenkameraden flüsterten neidisch: »Die hält sich wohl für superschlau.« Danach habe ich viel zu lange immer Angst davor gehabt, andere könnten mich arrogant finden. In gewisser Weise waren sogar meine Gewichtsprobleme eine an den Rest der Welt gerichtete Entschuldigung: »Seht her, ich glaube wirklich nicht, dass ich etwas Besseres bin.«

Schon als Kind wird den meisten von uns beigebracht, Lob zurückzuweisen. Wir entschuldigen uns für unsere Leistungen. Indem wir unsere Intelligenz und unsere Fähigkeiten herunterspielen, wollen wir für Chancengleichheit in der Familie und unter Freunden sorgen. Wir begnügen uns mit dem Beifahrersitz, obwohl wir doch so gerne am Steuer säßen. Und darum stellen auch viele von uns noch als Erwachsene ihr Licht unter den Scheffel. Statt voller Leidenschaft und Entschlossenheit der Welt unser Bestes zu zeigen, machen wir uns klein in der Hoffnung, unsere Kritiker zum Schweigen zu bringen.

Doch in Wahrheit werden Sie die Schwarzmaler in Ihrem Leben nie zufriedenstellen. Ob Sie sich verstecken oder brillieren, sie werden sich immer bedroht fühlen, weil *sie selbst* sich unvollkommen fühlen. Also sollten Sie ihnen keine Beachtung mehr schenken. Immer wenn Sie einen Ihrer Wesenszüge unterdrücken oder zulassen, dass andere Sie kleinreden, setzen Sie sich über den Bauplan hinweg, den Ihr Schöpfer für Sie erstellt hat. Denn eins weiß ich genau: Sie sind nicht dazu geschaffen, zu verkümmern, sondern dazu, aufzublühen. Zu glänzen. Außergewöhnlich zu sein. Und in jedem Augenblick nach Erfüllung zu streben.

In Gary Zukavs Buch ›Die Spur zur Seele‹ stieß ich 1989 auf folgende Passage:

»Ob Tat, Gedanke oder Gefühl, allem liegt eine Absicht zugrunde, und diese Absicht ist eine Ursache, die mit einer Wirkung gekoppelt ist. Sind wir an der Ursache beteiligt, ist es unmöglich, nicht auch an der Wirkung beteiligt zu sein. Somit sind wir auf höchste Weise verantwortlich für alle unsere Taten, Gedanken und Gefühle, das heißt für jede Intention ... Daher ist es weise, wenn wir uns der vielen Intentionen bewußt werden, die unsere Erfahrung formen, um herauszufinden, welche Intentionen welche Wirkungen erzeugen, um die Intentionen nach den Wirkungen, die wir hervorzurufen wünschen, auszuwählen.«

Dieser Absatz hat mein Leben verändert. Schon lange davor hatte ich erkannt, dass ich für mein Leben verantwortlich bin, dass jede meiner Entscheidungen Folgen hat. Doch sehr häufig schienen die Folgen überhaupt nicht zu meinen Erwartungen zu passen. Das lag daran, dass ich zwar eine Sache erwartete, aber eine andere beabsichtigte. Meine Absicht, es immer anderen Menschen recht zu machen, hatte beispielsweise eine unerwünschte Folge: Ich fühlte mich oft ausgenutzt und missbraucht, und die Leute wollten immer, immer mehr von mir.

Nachdem ich das Prinzip der Absicht verstanden hatte, wurde mir bewusst, dass nicht die anderen das Problem waren, sondern ich selbst. Ich beschloss, nur noch Dinge zu tun, die mir ganz und gar entsprachen – und für andere nur noch das zu machen, was ich gerne tat.

Eins weiß ich sicher: Egal, in welcher Lage Sie sich gerade befinden, Sie selbst haben entscheidend dazu beigetragen. Mit jeder Erfahrung, jedem Gedanken, jeder Entscheidung formen Sie Ihr Leben. Und hinter jedem Gedanken und jeder Entscheidung stecken Ihre wahren Absichten. Darum frage ich mich vor jeder Entscheidung: Was ist meine eigentliche Absicht?

Seit ich die oben zitierte Passage aus ›Die Spur zur Seele‹ gelesen habe, habe ich immer wieder festgestellt, dass die Antwort auf diese Frage ein wichtiger Wegweiser ist. Und auch das Gegenteil stimmt. Wenn Sie nicht nach Ihren Absichten forschen, dann haben Ihre Entscheidungen oft Folgen, die Sie daran hindern, Fortschritte zu machen. Mit den Jahren habe ich leider viele Paare erlebt, die verheiratet geblieben sind, obwohl es besser gewesen wäre, sich scheiden zu lassen, weil ihre Absicht schlicht war, verheiratet zu sein, und nicht, erfüllt zu leben. Doch letztendlich ist in den Beziehungen solcher Paare kein Raum für Intimität, persönliches Wachstum und Stabilität.

Wenn Sie den Eindruck haben, Sie treten auf der Stelle, obwohl Sie vorankommen wollen, dann nehmen Sie doch einmal Ihre früheren Motivationen unter die Lupe. Sehen Sie genau hin – ich habe gelernt, dass meine wahren Absichten häufig tief verborgen sind. Fragen Sie sich: In welcher Weise haben meine Absichten zu den Erfahrungen beigetragen, die ich gerade mache? Und wie kann ich durch andere Absichten andere Resultate erzielen? Indem Sie Entscheidungen treffen, die Ihrem innersten Wesen entsprechen, können Sie das Leben führen, für das Sie geschaffen sind – und Ihr Potential vollkommen ausschöpfen.

Mein Verhältnis zu Geld war immer ganz entspannt, selbst in Zeiten, in denen ich so wenig hatte, dass man von einem Verhältnis gar nicht reden konnte. Ich hatte nie Angst, kein Geld zu haben, und habe mich auch nicht ununterbrochen damit beschäftigt, wie viel ich habe. Doch wie die meisten Menschen kann ich mich noch an jedes Gehalt erinnern, das ich je bekommen habe. Vermutlich, weil das Gehalt den Wert unserer Leistung definiert – und, zum großen Unglück mancher Leute, auch den Wert, den sie sich selbst beimessen.

Dass nicht mein Gehalt das ist, was mich ausmacht, ist mir schon mit 15 bewusst geworden, als ich 50 Cent pro Stunde dafür bekam, auf Mrs Ashberrys ungezogene Kinder aufzupassen und hinter ihr herzuräumen, nachdem sie beim Anziehen erst einmal praktisch jedes Kleidungsstück, das sie besaß, aus dem Schrank gezerrt hatte. In ihrem Schlafzimmer sah es immer so aus wie bei Macy's im Endspurt des Schlussverkaufs: Schuhe und bunte Halsketten und Kleider lagen überall verstreut herum. Bevor sie aus der Tür huschte (ohne mir zu sagen, wo sie hinging oder wie sie zu erreichen wäre), sagte sie: »Ach ja, Liebes, würde es dir etwas ausmachen, hier ein bisschen Ordnung zu machen?« Nun ja, natürlich machte es mir etwas aus. Dennoch machte ich beim ersten Mal so gründlich »ein bisschen Ordnung«, dass ich sicher war, sie würde meinen Lohn aufstocken, wenn sie sah, dass ich nicht nur ihr Schlafzimmer, sondern auch das Kinderzimmer aufgeräumt hatte. Aber das tat sie nicht. Also suchte ich mir einen neuen Job mit besserer Bezahlung – und hoffte, dass man meine Bemühungen dort zu schätzen wüsste.

In der Nähe des Geschäfts meines Vaters gab es einen Billigladen, wo man mich für 1,50 Dollar die Stunde einstellte. Meine Aufgabe war es, Ordnung zu halten, die Regale aufzufüllen und Socken zusammenzulegen. Ich durfte weder an die Kasse noch mit Kunden sprechen. Ich hasste den Job. Schon nach zwei Stunden zählte ich die Minuten bis zur Mittagspause, dann bis zum Feierabend. Auch wenn ich erst 15 war, wusste ich in meinem tiefsten Inneren, dass man so keinesfalls leben oder Geld verdienen sollte. Nie zuvor und nie wieder danach habe ich mich derart gelangweilt. Deshalb schmiss ich nach drei Tagen hin und arbeitete im Laden meines Vaters – ganz ohne Bezahlung! Spaß machte mir die Arbeit auch dort nicht, aber wenigstens konnte ich mich mit den Leuten unterhalten und fühlte mich nicht mit jeder Stunde kaputter. Aber wie sehr mein

Vater es sich auch wünschte, wusste ich doch, dass dieser Laden keine Rolle in meiner Zukunft spielen würde.

Als ich 17 war, arbeitete ich beim Radio und verdiente 100 Dollar die Woche. Damals machte ich meinen Frieden mit dem Geld. Egal, was ich je arbeiten würde, so beschloss ich, ich wollte mich dabei immer so fühlen wie anfangs dort: *Es machte mir so viel Spaß, dass ich selbst ohne einen Penny Bezahlung jeden Tag pünktlich auf der Matte stehen und mich glücklich schätzen würde, dort zu sein.*

Eins wurde mir damals schon ganz klar: Wenn man für das bezahlt wird, was man mit Begeisterung tut, dann ist der Gehaltsscheck nur ein Bonus. Zahlen Sie sich einen lebenslangen Bonus: Folgen Sie Ihrer Leidenschaft. Finden Sie heraus, was Sie begeistert. Und dann tun Sie es!

Ich war nie der Typ für Wildwasser-Rafting oder Bungee-Jumping – das ist nicht meine Vorstellung von Abenteuer. Denn eins weiß ich genau: Das größte Abenteuer muss nicht darin bestehen, den höchsten Berg zu erklimmen oder die Welt zu Fuß zu umrunden. Den ultimativen Kick bringt die Verwirklichung unserer Lebensträume.

Vielleicht geht es Ihnen wie vielen Frauen, mit denen ich über die Jahre gesprochen habe: Sie haben Ihre tiefsten Wünsche übergangen, um die Bedürfnisse anderer zu erfüllen. Sie ignorieren den leisen Drang (dieses Flüstern, das sich oft in einem Gefühl der Leere und Unruhe bemerkbar macht), endlich das in Angriff zu nehmen, was Sie unbedingt tun wollen. Ich verstehe sehr gut, dass sich immer vernünftige Argumente finden lassen: Ihr Partner und Ihre Kinder brauchen Sie. Der Job, der Sie zugegebenermaßen unglücklich macht, nimmt so viel Zeit in Anspruch. Aber was passiert, wenn Sie so hart für etwas arbeiten, was Sie nicht erfüllt? Ihre Seele verdorrt. Ihre Lebensenergie verpufft. Sie sind ausgelaugt, deprimiert, wütend.

Sie müssen keinen weiteren Tag auf diesem Weg verschwenden. Sie können neu anfangen. Dieser Neuanfang beginnt mit einem Blick nach innen. Machen Sie sich frei von allen Ablenkungen und widmen Sie Ihre ganze Aufmerksamkeit dieser Ahnung, die Sie so lange ignoriert haben. Ich habe die Erfahrung gemacht, dass man innerlich umso ruhiger sein muss, je hektischer und stressiger es um einen herum zugeht. Das ist die einzige Möglichkeit, den Ort zu erreichen, an den Ihre Seele Sie leiten will.

Vor vielen Jahren, als ich noch Reporterin für den Fernsehsender WJZ in Baltimore war, bekam ich einmal eine Aufgabe, die man als Belohnung interpretieren kann: Ich wurde nach Los Angeles geschickt, um ein paar Fernsehstars zu interviewen.

Zuerst war ich ganz begeistert von der Chance, mich als gute Interviewerin zu beweisen (und zwar allein, ohne meinen gewohnten Co-Moderator) und meinen Lebenslauf mit ein paar Prominamen aufzuwerten. Aber als ich in Kalifornien ankam, fühlte ich mich wie ein sehr kleiner Fisch im großen Haifischbecken Hollywoods. Ich begann, an mir zu zweifeln: Wer war ich denn, dass ich dachte, ich könne so einfach in ihrer Welt auftauchen und sie würden mit mir reden? Aus allen Ecken der USA waren Journalisten eingeladen, ein riesiger Pulk von Reportern aus den Ressorts Lokales, Lifestyle, Vermischtes, von denen jeder genau fünf Minuten bekam, um mit einem der Fernsehstars der kommenden Saison zu sprechen. Langsam wurde ich nervös. Fühlte mich unwohl. Unbeholfen. Nicht gut genug, um neben so vielen anderen Reportern aus größeren Städten und mit mehr Erfahrung bestehen zu können.

Priscilla Presley promotete eine neue Sendung, die sie moderieren würde. Ich war die elfte in der Schlange und ihre Agentin warnte mich: »Sie können sie alles fragen, aber erwähnen Sie um Himmels willen nicht Elvis. Dann steht sie sofort auf und geht.« Damit machte sie alles noch schlimmer. Nun war ich nicht nur eingeschüchtert von der mir fremden Welt der Stars und ihrer Betreuer, sondern fühlte mich völlig gehemmt.

Ich hatte als Fernsehreporterin gearbeitet, seit ich 19 war. Ich hatte Hunderte von Leuten in schwierigen Situationen interviewt und war immer stolz darauf gewesen, das Eis brechen und einen guten Draht zu meinen Gesprächspartnern aufbauen zu können. Aber echte Stars war ich nicht gewohnt. Ich schrieb ihnen einen speziellen Zauber zu. Ich dachte, sie seien nicht nur anders, sondern auch irgendwie besser als wir normalen Leute. Und ich hatte Schwierigkeiten, mir vorzustellen, wie ich in nur fünf Minuten ein sinnvolles Gespräch hinkriegen sollte, wenn die Fragen, die mir als Erstes einfielen, tabu waren.

Aus welchem Grund auch immer – Sie mögen es Zufall nennen, ich nenne es einen Wink des Schicksals – bekam ich, während ich in der Priscilla-Presley-Warteschlange war, ein Interview mit einem jungen Komiker, der eine neue

Sendung mit dem Titel »Mork vom Ork« vorstellte. Es folgten die lustigsten und verrücktesten Minuten, die ich je in einem Interview erlebt habe, mit dem entspanntesten, unkonventionellsten, spontansten Promi und Menschen, den ich je kennengelernt habe.

Ich kann mich an kein Wort erinnern, das ich sagte (aber daran, dass ich praktisch nichts sagte). Er sprühte vor Energie. Ich erinnere mich, dass ich dachte: Wer immer das ist, der wird wirklich berühmt! Er hatte nicht die geringsten Hemmungen, die unterschiedlichsten Facetten zu zeigen. Dieses Gespräch mit Robin Williams war ein Riesenspaß, und ich lernte in diesem Augenblick, mich auf die Dynamik eines Interviews einzulassen. Und weil Robin nicht zu bremsen war, musste ich bei seinem Tempo mithalten.

Als ich dann bei Miss Priscilla an der Reihe war, hatte ich meine Lektion gelernt: Man kriegt nichts Vernünftiges zustande, wenn man sich selbst im Weg steht.

Ich fragte nach Elvis. Sie rannte nicht raus. Sie geruhte vielmehr, mir zu antworten.

Also, wenn Sie im Leben nur einen einzigen Spruch beherzigen, dann den: Wenn du eine Chance bekommst, greif zu!

Die großen Fehler meines Lebens rührten immer daher, dass ich anderen Macht über mich gab – im Glauben, deren Liebe sei wichtiger als meine Liebe zu mir selbst. Mit 29, so erinnere ich mich, steckte ich zum wiederholten Mal in einer Beziehung, die auf Lügen und Täuschungen gebaut war. Ich war am Boden zerstört und heulte wieder einmal einem Supermacho hinterher. Ich hatte den ganzen Abend auf ihn gewartet, er versetzte mich, und als er Stunden später auftauchte, wagte ich es, nach dem Grund zu fragen. Ich sehe es noch vor mir, wie er in der Tür stand und mir hinrotzte: »Kleine, dein Problem ist, dass du dich für was Besonderes hältst.« Und dann machte er auf dem Absatz kehrt und knallte die Tür hinter sich zu.

In meiner Jugend hatte ich mit angesehen, wie meine Cousine Alice von ihrem Freund körperlich misshandelt wurde, und hatte mir geschworen, mir so ein Verhalten nie bieten zu lassen. Doch als ich damals auf dem Badezimmerboden kauerte, nachdem er gegangen war, wurde mir plötzlich klar, dass der einzige Unterschied zwischen mir und Alice war, dass er mich nicht geschlagen hatte. Mein

Supermacho irrte: Ich hielt mich eben nicht für etwas Besonderes – und das war mein Problem. Warum ließ ich zu, dass man mich so behandelte?

Trotz dieser Erkenntnis brauchte ich noch ein Jahr, bis ich die Beziehung beendete. Ich hoffte und betete weiter, dass die Dinge sich bessern würden und er sich ändern könnte. Er änderte sich nicht. Ich betete für die Kraft, Schluss zu machen. Ich hoffte und betete, dass ich mich besser fühlen würde. Und wartete weiter, während ich die gleichen alten Verhaltensmuster wiederholte.

Bis ich es eines Tages kapierte: Während ich auf Gott wartete, wartete Gott auf mich. Er wartete, dass ich mich endlich zu dem Leben entschloss, für das ich geschaffen war, statt in dem Leben zu verkümmern, das ich gerade führte. Ich erkannte endlich die Wahrheit: So wie ich bin, so bin ich gut. Ich kann mir auch selbst genug sein.

Diese Erleuchtung vollbrachte ihr ganz eigenes Wunder. In dieser Zeit erreichte mich das Angebot, für eine Talkshow in Chicago vorzusprechen. Hätte ich an dieser Beziehung festgehalten, wäre das Leben, das ich jetzt führe, nie Realität geworden.

Welche Wahrheit steckt in Ihrem Leben? Es ist Ihre Pflicht, das herauszufinden. Dazu müssen Sie wissen, dass die Wahrheit sich gut und richtig und liebevoll anfühlt. (Liebe schmerzt nicht, das habe ich in den Jahren danach herausgefunden. Sie fühlt sich richtig gut an.) Die Wahrheit ermöglicht Ihnen, jeden Tag integer zu leben.

Alles, was Sie sagen und tun, zeigt der Welt, wer Sie sind. Zeigen Sie ihr die Wahrheit.

Ich werde nie den Moment vergessen, in dem ich beschlossen habe, immer selbst zu entscheiden. Ich erinnere mich daran, was ich anhatte (einen blauen Pulli mit Stehkragen und eine schwarze Hose), wo ich saß (im Büro meines Chefs), wie der Stuhl aussah und sich anfühlte (viel zu tief, braunes Paisleymuster, dick gepolstert). Mein Chef, der Leiter des Fernsehsenders, bei dem ich in Baltimore arbeitete, sagte mir: »Sie schaffen es auf keinen Fall in Chicago. Da laufen Sie durch ein Minenfeld und merken es nicht mal. Was Sie machen, ist beruflicher Selbstmord.«

Er versuchte mit allen möglichen Tricks, mich zum Bleiben zu bewegen: mit mehr Geld, einem Firmenwagen, einer neuen Wohnung und schließlich wollte er mich einschüchtern: »Sie werden scheitern!«

Ich wusste nicht, ob er recht hatte. Ich hatte nicht genug Selbstbewusstsein, um an meinen Erfolg zu glauben. Doch irgendwie nahm ich all meinen Mut zusammen, und bevor ich aufstand und ging, sagte ich: »Sie haben recht. Schon möglich, dass ich es nicht schaffe, schon möglich, dass ich mich in ein Minenfeld begebe. Aber wenn mich das nicht umbringt, dann bringt es mich zumindest voran.«

In diesem Moment entschied ich mich für mein Glück – das dauerhafte Glück, das mich täglich begleitet, weil ich beschloss, keine Angst zu haben und mich weiterzuentwickeln.

Die sichere Bank wäre gewesen, in Baltimore zu bleiben. Aber als ich bei meinem Chef im Büro saß, wusste ich: Wenn ich mich von ihm zum Bleiben überreden ließe, würde das mein Selbstbild für immer beschädigen. Ich würde mich für immer fragen, was passiert wäre, wenn. Diese eine Entscheidung hat den Verlauf meines ganzen Lebens verändert.

Ich lebe in einem Zustand heiterer Zufriedenheit (das ist meine Definition von Glück), und meine Leidenschaft treibt mich bei allem an, was mir wichtig ist: meine Arbeit und meine Kollegen, mein Zuhause, meine Dankbarkeit für jeden Atemzug, den ich in Frieden und Freiheit tun kann. Eins weiß ich genau, und das macht alles noch schöner: Durch meine Entscheidungen habe ich dieses Glück selbst herbeigeführt.

Die Zeit vergeht rasend schnell. Mit Kindern haben Sie das ständig vor Augen, denn Ihre Kinder wachsen immer wieder über sich hinaus. Das muss auch das Ziel von uns Erwachsenen sein: weiter zu wachsen, uns hinzuentwickeln zum besten Leben, das für uns möglich ist.

Im Innersten habe ich schon als Teenager gespürt, dass Großes auf mich wartet. Dabei habe ich nicht an Wohlstand oder Berühmtheit gedacht, sondern daran, kontinuierlich besser zu werden, mich selbst auf jedem Gebiet zu immer neuen Höchstleistungen anzuspornen.

Eins habe ich vom Leben gelernt: Nur wenn Sie eine solche Entwicklung anstreben, können Sie sich Ihren Lebenstraum erfüllen. Das bedeutet nicht, dass diese Entwicklung Ihnen automatisch Reichtum und Ruhm bringt – Ihr Traum muss nicht im Geringsten etwas mit materiellem Wohlstand zu tun haben, sondern vor allem damit, ein glückliches Leben ohne Reue, mit einem reinen Gewissen zu führen. Ja, ich habe die Erfahrung gemacht, dass ein Leben im Wohlstand mir viele Möglichkeiten eröffnet – aber Geld kann fehlende Erfüllung nicht kompensieren, und ganz bestimmt kann es nicht das Gefühl erzeugen, im Einklang mit sich zu leben. Der einzige Sinn unserer Existenz besteht darin, unsere Bestimmung zu finden und immer wieder über uns hinauszuwachsen.

Ich glaube, dass das nur funktioniert, wenn man lange genug innehält, um dieses Flüstern zu vernehmen, das man sonst ausblendet, diese leise Stimme, die einen auffordert, seiner Berufung zu folgen. Was dann passiert? Man steht vor der größten Herausforderung seines Lebens: den Mut aufzubringen, seinen Träumen zu folgen, egal, was alle anderen sagen oder denken. Sie selbst sind der einzige Mensch auf der Welt, der das große Ganze Ihres Lebens erfassen kann – und nicht einmal Ihnen gelingt das vollständig. Die Wahrheit ist: So viel Sie in Ihrem Leben auch planen und träumen und sich weiterentwickeln – Ihr Handeln ist immer auch von einer unergründlichen Dynamik des Universums abhängig.

Steuern Sie mit all Ihrer Kraft und Begeisterung auf Ihr Ziel zu – und dann lassen Sie los. Überlassen Sie Ihre Pläne einer höheren Macht. Lassen Sie zu, dass Ihr Traum von selbst zu einem Meisterwerk wird. Stecken Sie sich hohe Ziele – so hoch wie nur möglich. Arbeiten Sie hart – so hart Sie nur können. Doch wenn Sie alles Menschenmögliche getan haben, dann begeben Sie sich in die Hände einer höheren Macht.

EHRFURCHT

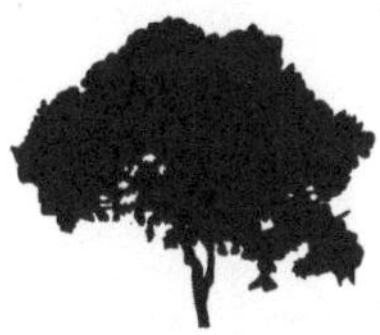

»Das Staunen ist eine Sehnsucht nach Wissen.«

Thomas von Aquin

Schon lange schreibe ich keine Liste mehr mit guten Vorsätzen fürs neue Jahr. Dennoch beschäftige ich mich im Januar immer sehr intensiv damit, wie ich mich weiterentwickeln könnte.

An einem Neujahrsmorgen saß ich auf meiner Veranda auf Hawaii und blickte gedankenversunken aufs Meer. Ich betete dafür, noch bewusster zu leben, damit meine Erfahrungen mich noch näher an alle Geheimnisse unserer Existenz heranführen würden.

Schon am gleichen Abend wurde mein Gebet erhört, in Form einer sehr eindringlichen spirituellen Erfahrung.

Mein Freund Bob Greene und ich gingen spazieren. Die Sonne war schon untergegangen, und am Himmel waren nur noch lavendelfarbene Wolkenfetzen zu sehen. Die Wolken hingen tief über dem Meer und ließen nur noch einen winzigen Spalt frei, durch den wir den Mond sehen konnten. Überall um uns herum war Wolkendunst, und nur ein einziger freier Fleck am Himmel leuchtete im Schein der Mondsichel.

»Schau dir das an«, sagte Bob. »Der Mond sieht gerade

aus wie im Logo von Dream Works. Am liebsten würde ich hochklettern und mich dort mit einer Angelrute in der Hand platzieren.«

Es war surreal.

Als wir weitergingen, drehte sich Bob zu mir um: »Warte mal einen Moment.«

Ich blieb stehen.

»Hörst du das?«, flüsterte er.

Ich hörte es, und es war atemberaubend. »Es« war der Klang der Stille. Eine klare, vollkommene Stille. Es war so still, dass ich mein eigenes Herz schlagen hörte. Ich wollte den Atem anhalten, weil selbst das Geräusch des Ein- und Ausatmens zu laut war. Da war nicht die geringste Bewegung, kein Hauch, nicht einmal die Spur eines Luftzugs. Es war der Klang von nichts und allem. Es fühlte sich an, als sei das Leben, der Tod und alles andere in einem Raum enthalten, in dem ich nicht einfach nur stand, sondern dessen Teil ich war. Es war der friedlichste, sinnhafteste, erhellendste Augenblick, den ich je erlebt habe. Der Himmel auf Erden.

Wir standen dort sehr lange. Während ich voller Ehrfurcht versuchte, den Atem anzuhalten, wurde mir bewusst, dass genau das passierte, wofür ich am Morgen gebetet hatte. Die Bedeutung des Bibelverses »Bittet, so wird euch gegeben; suchet, so werdet ihr finden« wurde mir ganz klar. Dieser Augenblick offenbarte mir wirklich das wahre Geheimnis unserer Existenz. Und eins weiß ich ganz sicher: So ein Augenblick steht uns immer offen. Wenn wir unter den Schichten aus Hektik und Lärm unser Leben freilegen, erwartet uns Stille.

Diese Stille sind wir.

Solche Momente nenne ich »Halleluja-Momente«. Ich wollte den Augenblick für immer festhalten, und das habe ich getan. Vielleicht sitze ich irgendwann in einer Besprechung, vor meiner Tür stehen die Leute Schlange, und ich atme tief durch und versetze mich in Gedanken zurück zu dieser Straße, diesen Wolken, diesem Mond … Stille. Frieden.

Sehr häufig bin ich mit Dingen konfrontiert, deren Bedeutung ich nicht vollständig erfassen kann. Ganz gewiss aber glaube ich an Wunder. Die Welt mit einem Leuchten in den Augen zu betrachten, das ist für mich ein Wunder. Und auch, dass es immer Hoffnungen und Möglichkeiten gibt, und seien sie noch so unwahrscheinlich. Manche Menschen sperren sich derart gegen Wunder, dass sie es Zufall nennen, wenn sie eines direkt vor ihrer Nase haben. Ich nenne es so, wie ich es sehe. Für mich sind Wunder die Bestätigung dafür, dass da etwas am Werk ist, das größer ist als wir selbst. Ich glaube daran, dass Wunder nicht nur dann und wann, sondern jeden Tag geschehen, wenn wir nur bereit sind, sie zu erkennen.

In meinem Leben sind selbst die einfachsten Dinge Wunder für mich, zum Beispiel die Tatsache, dass ich acht Kilometer in unter 50 Minuten laufen kann. Oder wenn ich von einem langen Lauf ausgepowert bin und große Lust auf einen Teller Paprika-Tomaten-Suppe habe – und dann komme ich in die Küche und meine gute Fee Mrs E. hat schon einen Topf für mich auf dem Herd bereitgestellt. Es ist auch ein Wunder für mich, auf meinem Abendspaziergang einen Sonnenuntergang zu beobachten, bei dem sich der Himmel von pfirsich- zu himbeerfarben verwandelt. Oder ein hübsch arrangiertes Frühstückstablett mit Granatapfel, Kiwi und Mango. Oder die rosa Pfingstrosen, die ich in meinem Garten abgeschnitten und in einer Vase in meinem Schlafzimmer arrangiert habe. Oder wenn ein grüner Kleinbus auf der Straße anhält und sich eine Frau aus dem Fenster lehnt und mir zuruft: »Sie sind die beste Lehrmeisterin, die es im Fernsehen gibt!«, und als Kindergärtnerin muss sie was davon verstehen. Das Gezwitscher der Vögel ist für mich ein Wunder, ihre ganz unterschiedlichen Stimmen und der Moment, wenn ich mir überlege, ob sie wohl miteinander singen oder nur für sich selbst oder einfach, um gehört zu werden.

Ein Wunder ist es, mich mit allen meinen Hunden im Gras zu wälzen oder einen ganzen Sonntag ohne Verpflichtungen, ohne Pläne, ohne Verabredungen vor mir zu haben. Die Freiheit zu haben, nach einer Woche, in der ich ununterbrochen funktionieren musste, endlich Zeit zu haben, allein zu sein. Auf der Veranda einer Holzhütte zu sitzen und zu meditieren, da, wo Blätter wie Wasser rauschen und auf einem Teich Gänseküken von ihrer Mutter das Schwimmen lernen. Die Freuden dieses großartigen Lebens – und die Möglichkeit, es als freie Frau leben zu können. Wenn ich auch sonst nicht viel weiß, so weiß ich eins ganz sicher: Die großen Wunder, die wir erwarten, ereignen sich direkt vor unserer Nase, in jedem Augenblick, mit jedem Atemzug. Wenn Sie Ihr Herz und Ihre Augen öffnen, dann können Sie sie sehen.

Älter zu werden ist das Beste, was mir je passiert ist. Jeden Tag empfängt mich an der Wand meines Badezimmers ein morgendliches Dankgebet aus Marianne Williamsons Buch ›Illuminata‹. Egal, wie alt ich bin, ich muss immer an all die Menschen denken, die es gar nicht erst bis zu diesem Alter geschafft haben. Ich muss an die Menschen denken, die gehen mussten, bevor sie die Schönheit und Erhabenheit des Lebens auf Erden erkennen durften.

Und das habe ich vom Leben gelernt: Jeden Tag haben wir die Chance, über die Welt zu staunen.

Je älter ich werde, desto weniger ertrage ich Kleinlichkeit und materielles Streben. Es gibt einen Wohlstand, der nichts mit Geld zu tun hat, sondern aus der klugen Überzeugung entsteht, dass man achtsam mit dem eigenen Leben umgehen muss. Denn daher rührt alle Erkenntnis. Und ich weiß genau, dass die Freude an der Erkenntnis die größte Belohnung ist.

In all den Jahren habe ich wirklich unglaubliche Geschichten zu hören bekommen, zu allen erdenklichen Situationen, in die man geraten kann, über Kämpfe und Niederlagen, Triumphe und psychische Stärke. Doch wenig hat mich so beeindruckt wie die Geschichte von John Diaz. Im Oktober 2000 war John an Bord des Fluges 006 der Singapore Airlines, als das Flugzeug beim Abheben explodierte. 83 Menschen kamen in den Flammen um. John und 95 weitere Passagiere überlebten. John, der sich selbst als einen sehr unkomplizierten, ehrgeizigen und pragmatischen Typen beschreibt, leidet noch immer an den Folgen seiner Verletzungen. Aber auf eine Art ist er lebendiger als vor dem Moment, als er im wahrsten Sinne des Wortes durchs Feuer ging.

Das Flugzeug startete bei orkanartigem Wetter. Bevor John an Bord gegangen war, hatte er ein schlechtes Bauchgefühl. Wegen des heftigen Sturms hatte er mehrfach bei der Fluglinie angerufen: »Sind Sie sicher, dass das Flugzeug starten kann?« Als er aus dem Fenster blickte, während das Flugzeug zur Startposition rollte, sah er nur strömenden Regen. Er saß ganz vorne und beobachtete, wie der Bug abhob.

Doch die 747 hatte die falsche Startbahn erwischt. Zuerst fühlte er ein Rumpeln (als das Flugzeug gegen eine Betonabsperrung krachte), dann direkt neben sich eine enorme Erschütterung, als etwas (vermutlich ein Bagger) ein Loch in die Flanke des Flugzeugs riss, genau da, wo er saß. Sein Sitz wurde aus der Verankerung gerissen und auf die Seite geschleudert. Er spürte, mit welcher Wucht das Flugzeug über die Rollbahn schlitterte. Schließlich kam es zum Stehen. Er beschrieb das so:

»Dann kam die Explosion … direkt neben mir war ein großer Feuerball, der sich über mir bis vor zum Bug fraß und wieder zurückkam, fast wie im Kino. Und dann sprühte das Flugbenzin wie Napalm … und alles, was es traf, brannte sofort wie eine Fackel …

Und ein Mann, ein Asiate, rennt auf mich zu, er steht in Flammen. Ich kann sein Gesicht genau sehen, er schaut verwundert, als wüsste er nicht mal, dass er tot ist, dass er brennt. Und ich stelle mir vor, dass ich … dass es mit mir genauso sein muss. In diesem Moment dachte ich wirklich, ich sei tot.«

Ich fragte John, ob er glaube, dass eine göttliche Vorsehung ihn gerettet habe. Er verneinte das. Seiner Meinung nach habe es daran gelegen, dass er einen günstigen Platz gehabt und sehr schnell reagiert hatte: Denn um sich vor dem Qualm und den Flammen zu schützen, hielt er sich eine Ledertasche vors Gesicht, die man ihn eigentlich gar nicht mit ins Handgepäck hatte nehmen lassen wollen, suchte nach einer Tür und rannte darauf zu. Was er dann sagte, darüber denke ich bis heute nach.

Im Inneren des Flugzeugs, sagte John, »sah es aus wie in Dantes Inferno, brennend saßen die Leute angeschnallt in ihren Sitzen. Und um ihre Körper war so eine Aura, mal heller, mal dunkler, und ich dachte, dies sage etwas darüber aus, wie sie ihr Leben gelebt haben.« John sagt, dass ihn dieses Erlebnis – diese Aura zu sehen, wie er es bezeichnete, eine Lichtenergie, die aus den Körpern kam und über ihnen schwebte – verändert habe und er nun mehr Mitgefühl empfinde. Und auch wenn er es nicht als Wunder bezeichnen würde, dass er dem Tod so knapp entronnen ist, sagt er doch: »Ich möchte mein Leben so leben, dass meine Aura, wenn sie mich verlässt, sehr hell strahlt.«

Eins habe ich daraus gelernt: Auf diesem schönen Planeten zu leben ist ein wunderbares Geschenk. Und ich will in meiner Zeit auf Erden so hell wie möglich strahlen.

Eins habe ich vom Leben gelernt: Ohne eine spirituelle Dimension hat das Leben keine wirkliche Bedeutung.

Das Spirituelle ist für mich der Kern unserer Identität. Dazu muss man keinem speziellen Glauben angehören. Es ist einfach da. Und der Schlüssel dazu ist der gegenwärtige Augenblick. Das kann uns verwandeln. Es definiert ganz neu, was es bedeutet, lebendig zu sein.

Spiritualität kann etwas ganz Gewöhnliches – und zugleich Außergewöhnliches – sein: etwa unsere ganze, hundertprozentige Aufmerksamkeit einem anderen Menschen zu schenken, ohne daran zu denken, was man sonst noch alles zu tun hat. Oder sich darum zu bemühen, jemandem etwas Gutes zu tun. Oder den Tag mit einem Moment völliger Stille zu beginnen. Oder nach dem Aufwachen einmal ganz bewusst den Kaffee zu riechen, sein Aroma mit allen Sinnen wahrzunehmen, bei jedem Schluck reine Freude zu empfinden, und sobald er keine reine Freude mehr ist, ihn wegzustellen.

Denn in einem bin ich mir ganz sicher: Mit jedem bewussten Atemzug kommt Licht in Ihr Leben.

Atmen Sie auf!

Mein ganzes Leben ist ein Wunder. Und Ihres auch – das weiß ich genau.

Egal, wie Sie auf die Welt gekommen sind – als Wunschkind oder als »Unfall« (wie man mich viele Jahre lang bezeichnete) –, es ist wunderbar, dass Sie da sind und diese Zeilen lesen.

Ich sage das, obwohl ich nicht weiß, wie Sie leben. Doch ich weiß, dass jeder Mensch seine eigene Geschichte voller Hoffnungen und Nöte, Siege und Verluste, Erlösung, Freude und Licht mit sich trägt. Jeder muss im Leben seine Lektion lernen. Wie man damit umgeht, muss jeder selbst entscheiden.

Wenn Sie das Leben als lebenslange Schule sehen, dann stellen Sie fest, dass jede Erfahrung Ihnen etwas über Sie selbst beibringen kann. Und dass Ihre Lebensreise Sie zu Ihrem wahren Ich führt. Und noch ein Wunder: Wir alle dürfen mitreisen.

Die wichtigsten Lehren ziehen wir in der Regel aus unseren schwersten Erfahrungen. Immer wenn ich auf Schwierigkeiten stoße, stelle ich mir selbst die folgende Frage:

»Worum geht es hier wirklich, und was soll ich daraus lernen?« Erst wenn ich das begreife, kann ich die bestmögliche Entscheidung treffen – und an der Erfahrung wachsen.

Nach allem, was mir in meinem Leben bisher passiert ist, bin ich am meisten darauf stolz, dass ich nach wie vor offen dafür bin, mich weiterzuentwickeln. Ich weiß, dass jedes reale Ereignis eine metaphysische Bedeutung hat. Und ich bin bereit für jede neue Erfahrung.

Vor ein paar Jahren habe ich einige Zeit auf den Fidschi-Inseln verbracht. Besonders gern habe ich dort immer den Wellen zugesehen, wie sie sanft ans Ufer schwappten.

In jeder Schaumkrone sehe ich uns Menschen im Ozean des Lebens. Wir denken, wir seien alle so verschieden, aber das sind wir nicht. Wir verstecken uns hinter unseren Gewohnheiten, hinter einer Maske aus Ehrgeiz, Kämpfen, Siegen, Opfern und Verlusten – und vergessen darüber schnell, wer wir wirklich sind.

Eines Morgens saß ich da, blickte auf die Wellen und schrieb eine E-Mail an einen Freund, den Dichter Mark Nepo. Sein ›Buch des Erwachens‹ füllt ein ganzes Jahr mit täglichen Anregungen, wie wir unserem Leben mehr Sinn verleihen können. Mark antwortete mir mit einem Gedicht:

WAS POESIE IST, FRAGST DU MICH

Deine Frage erreicht mich von einer Insel,
die so fern ist, vollkommen unberührt. Geh einfach,
ganz ruhig,
dann spricht das Wunder aus allem, und das
ist Poesie. Du suchst Poesie
in deiner Seele, in deinem Alltag, so
wie du Steine am Strand suchst.
Viele tausend Meilen entfernt, wo die Sonne den Schnee
zum Glänzen bringt, muss ich lächeln, denn genau jetzt
bist du das Gedicht. Nach Jahren des Ausschauhaltens
kann ich dir nur sagen, dass die Suche selbst
nach den kleinen Dingen, die die Tiefe geschliffen hat,
die Kunst des Dichtens ist. Und zuzuhören,
was sie dir sagen, ist das Gedicht.

Nie zuvor habe ich Poesie so gesehen. Aber dort, am Rand dieser Insel, habe ich gespürt, dass auch das zutrifft, was Mark in seiner E-Mail noch schrieb:

»Für mich ist Poesie die überraschende Äußerung der Seele. Sie findet da statt, wo die Seele unseren Alltag berührt. Es geht dabei weniger um Worte als darum, das Gefühl unserer Lebendigkeit zu erwecken, das wir seit unserer Geburt in uns tragen. Ruhig zu warten, bis das Wunder aus allen Dingen spricht, ist Poesie, egal, ob wir sie zu Papier bringen oder nicht. Offen gestanden wollte ich anfangs große Gedichte schreiben, bis ich, vom Leben gebeutelt, wahre Gedichte entdecken wollte, und jetzt, in meiner zweiten Lebenshälfte, will ich, voller Demut und Begeisterung, selbst das Gedicht sein.«

Dieses Bestreben lohnt sich ganz bestimmt: Dichtung nicht nur zu genießen, sondern selbst ein Gedicht zu sein.

Spiritualität bedeutet für mich, anzuerkennen, dass ich mit der Schöpfungsenergie verbunden, dass ich ein Teil von ihr bin – und sie immer ein Teil von mir ist. Die Bezeichnung, das Wort dafür, spielt letztlich keine Rolle.

Worte sind dem Thema nicht gewachsen. Spiritualität ist nicht das Gleiche wie Religion. Man kann ohne religiösen Hintergrund spirituell sein, und auch das Gegenteil trifft zu: Man kann ohne spirituelle Dimension, nur aufgrund einer Doktrin, sehr religiös sein.

Spiritualität ist nichts, woran ich glaube. Sie ist ein Bestandteil meiner Identität. Diese Erkenntnis hat mich verändert und ermöglicht mir, ohne Angst zu leben und zu verstehen, wozu ich geschaffen wurde. Und ich traue mich zu sagen, dass ich eins ganz sicher weiß: Zu verstehen, dass man mehr ist als sein Körper und sein Verstand, das ist die großartigste Entdeckung überhaupt.

Im Laufe der Jahre habe ich mich mit Hilfe unzähliger Bücher der Spiritualität genähert. Eins davon, ›Eine neue Erde‹ von Eckhart Tolle, hat mich besonders nachhaltig beeinflusst und meine Sicht auf mich selbst und alles andere tiefgreifend verändert. In diesem Buch geht es vor allem darum, zu akzeptieren, dass man nicht mit seinen Gedanken identisch ist, zu verstehen, wie der ichbezogene Verstand das eigene Leben dominiert, und genau das dann zu ändern.

Wenn man sich von seinem wahren, seinem spirituellen Ich leiten lässt, muss man nicht mehr kämpfen, sondern kann sich vom Fluss des Lebens mitnehmen lassen. Oder wie Eckhart Tolle es in ›Eine neue Erde‹ formuliert: »In vier Worten liegt das Geheimnis der Lebenskunst, das Geheimnis allen Erfolgs und Glücks: *eins mit dem Leben*. Eins mit dem Leben zu sein heißt, eins mit dem Jetzt zu sein. Dann wird dir klar, dass nicht du dein Leben lebst, sondern dass das Leben dich lebt. Das Leben ist der Tänzer, und du bist der Tanz.«

Der Tanz zu sein – daraus entspringt eine unvergleichliche Freude und Energie. Deshalb muss man meiner Erfahrung nach offen sein für die spirituelle Komponente des Lebens. Eine Entscheidung, so habe ich es im Gespräch mit Eckhart Tolle formuliert, die man jeden Tag neu trifft: *in* dieser Welt, nicht *von* dieser Welt zu sein.

Erinnern Sie sich noch an die Gerüchte, die im Internet über das Jahr 2012 kursierten? Die Prophezeiungen über weltweite Umwälzungen beruhten teilweise auf den Zyklen des Mayakalenders. Für alle Leser, die damit nicht vertraut sind, genügt es zu wissen, dass einige Leute den umfassenden Zusammenbruch der menschlichen Zivilisation voraussagten und andere ein Zeitalter spiritueller Transformation erwarteten.

Natürlich kann niemand die Zukunft vorhersehen, aber eins weiß ich genau: welche Macht unsere Absichten haben. Und ich habe die Absicht, jedes neue Jahr als ein großes Versprechen zu betrachten. Auf den Weltuntergang kann ich persönlich gut verzichten. Ich hoffe, dass ich meinen Teil zu einer Veränderung beitragen kann, die mich und die Welt authentischer, liebevoller, gefühlvoller, kreativer und kooperativer macht. Das ist meine Vorstellung von einer spirituellen Evolution – oder sogar Revolution!

Ich beschloss damals, dem Jahr 2012 als einem neuen Jahr der Harmonie entgegenzusehen, denn mit der Harmonie kommt auch die Erkenntnis. Wenn man in Harmonie mit seinen Herzenswünschen lebt, wenn man seiner Bestimmung gemäß handelt und seinen Beitrag zu dieser wunderbaren Welt leistet, dann spürt man, dass sich die eigene Perspektive verändert. Dann erlebt man plötzlich Momente, die andere vielleicht glücklichen Zufall nennen, ich aber lieber als »Wunderwirken« bezeichne. Denn wenn ich alles tue, was meinem Körper, meinem Geist und meiner Seele guttut, dann wundere ich mich immer wieder darüber, dass sich alles andere wie von selbst zu fügen scheint. Es ist, als würde die wunderschöne Zeile aus Paulo Coelhos Buch ›Der Alchimist‹ wahr: »Wenn du etwas ganz fest willst, dann wird das Universum darauf hinwirken, dass du es erreichen kannst.«

Mein persönliches Ziel ist: Weiterhin für alles offen zu sein, was das Universum zu bieten hat. Jedes Jahr, jeden Tag.

Ein Gebet, das ich häufig an Gott richte, ist: Zeig mir, wer ich wirklich bin.

Das mag nach einer merkwürdigen Bitte klingen. Doch ich möchte auf meinem Lebensweg den wahren Sinn meiner Existenz nie aus den Augen verlieren. Deshalb stammt eines meiner Lieblingszitate von dem französischen Priester und Philosophen Pierre Teilhard de Chardin: »Wir sind keine Menschen, die eine spirituelle Erfahrung machen, sondern wir sind spirituelle Wesen, die erfahren, Mensch zu sein.«

Aus dem Menschsein eine möglichst sinnerfüllte und poetische Erfahrung zu machen, das ist ganz gewiss mein größter Wunsch.

Lassen Sie uns eine kleine Atemübung machen. Legen Sie die Hände auf Ihren Bauch und spüren Sie, wie er sich ausdehnt, wenn Sie einatmen. Beim Ausatmen lassen Sie Ihre Bauchdecke wieder einsinken. Genau das passiert durchschnittlich 720 Mal pro Stunde und mehr als 17000 Mal pro Tag – ohne dass Sie auch nur einen Gedanken daran verschwenden.

Das biologische Phänomen des Atmens betrachten wir oft als selbstverständlich. Doch ab und an finde ich die Ruhe, um es mir bewusst zu machen. Und wenn ich das tue, dann bestaune ich voller Ehrfurcht das Wunder des Lebens. Wow!

Barfuß über einen frisch gemähten Rasenteppich zu laufen: Wow, das fühlt sich einfach großartig an.

Noch ein Wow: Jeden Abend zum Sonnenuntergang versammeln sich meine Freunde und Nachbarn auf meiner Veranda, und wir sehen uns, wie wir es nennen, die Megalightshow an. Wir machen Fotos und vergleichen die unzähligen Farbschattierungen, die uns das Schauspiel der am Horizont versinkenden Sonne präsentiert.

Vor gar nicht allzu langer Zeit regnete es einmal vier Stunden am Stück. Ein beständiges Strömen, und dann hörte es plötzlich auf. Wow! Bäume, Hecken, Himmel – alles funkelte.

Für mich hält die Natur unzählige Wows bereit, und manchmal erkenne ich auch in ganz kleinen Dingen ihre ganze Pracht. Eine Freundin, die als Floristin schon die spektakulärsten Arrangements geschaffen hat, die man sich vorstellen kann, überreichte mir einmal ein unschätzbares Geschenk: zwei kleine Blätter in Herzform. Ich habe sie zwischen die Seiten eines meiner Lieblingsbücher, Eckhart Tolles ›Eine neue Erde‹, gelegt. Immer, wenn ich das Buch aufschlage, werde ich daran erinnert, wie einfach und schön das Leben sein kann – wenn wir beschließen, es so zu sehen.

Auf der Suche nach meinem wahren Ich: So lautet meine Lebensgeschichte in einem Satz. Es ist meine Definition dessen, worum es mir immer gegangen ist, zumindest bis jetzt. Ich betrachte das als meine Miniautobiographie, aber schon während ich es niedergeschrieben habe, ist mir aufgefallen, dass diese Definition sich über die Jahre weiterentwickelt hat und es immer noch tut. Wörter, die ich letztes Jahr verwendet hätte, passen heute nicht mehr. Denn wenn wir uns wirklich unserem persönlichen Wachstum verpflichtet fühlen, dann entdecken wir immer neue Dimensionen unseres Selbst und seiner Ausdrucksmöglichkeiten.

Vor ein paar Jahren fuhr ich nach Fairfield, Iowa. Ein 9500-Einwohner-Nest inmitten der Äcker und Felder des Mittleren Westens, wo beim besten Willen niemand erwarten würde, in der Rushhour steckenzubleiben, weil Hunderte Leute zu einer Übung in transzendentaler Meditation unterwegs sind. Aber so ist das eben in Fairfield, der Ort wird deshalb sogar oft als TM-Stadt bezeichnet. Das Ereignis findet in zwei goldenen kuppelförmigen Gebäuden statt:

ein Gebäude für Frauen, das andere für Männer. Hausfrauen, Verkäufer, Ingenieure, Kellnerinnen, Rechtsanwälte, Mütter, alleinstehende Damen und ich – wir alle versammelten uns in unserer Kuppel mit der alleinigen Absicht, still zu sein – wissend, dass Stille der Raum ist, in dem Kreativität, Frieden, Licht und Liebe entstehen.

Diese Erfahrung hat mir so viel Kraft und Ruhe gegeben, dass ich gar nicht genug davon bekommen konnte. Ich verließ die Veranstaltung erfüllter, als ich gekommen war: erfüllt von Hoffnung, Zufriedenheit, großer Freude und von dem tiefen Wissen, dass es inmitten unserer unentrinnbaren täglichen Hektik noch immer diese unerschütterliche Stille gibt. Nur aus ihr heraus kann man bei der Arbeit sein Bestes geben und das Beste aus seinem Leben machen.

Deshalb verordne ich mir einmal täglich (manchmal auch zweimal, wenn ich es hinkriege) eine gesunde Dosis Stille. Zwanzig Minuten morgens und zwanzig abends. So schlafe ich besser und kann mich besser konzentrieren, es fördert meine Produktivität und bringt meine Kreativität zum Sprudeln.

Versuchen Sie es selbst, und Sie werden bestimmt feststellen, dass Glinda, die gute Hexe aus dem ›Zauberer von Oz‹, recht hatte: »Es lag immer nur in deiner Macht.« Sie müssen dazu nur still werden. Und dann sind Sie auf dem besten Wege zu Ihrem wahren Ich.

Ich habe mich selbst immer als Suchende verstanden. Und damit meine ich, dass mein Herz immer bereit ist, in allem die göttliche Ordnung und erlesene Vollkommenheit des Universums zu erkennen.

Das Geheimnis des Lebens verzaubert mich. Und deswegen liegt auf meinem Nachtkästchen Ann Mortifees Buch ›In Love with the Mystery‹ (Verliebt in das Geheimnis). Es besteht aus meditativen Fotographien und kurzen Texten, die mich daran erinnern, wie kostbar die wundersame Reise ist, auf der wir alle uns befinden. Eine meiner liebsten Passagen ist:

»Lass die Kraft kommen. Lass die Ekstase strömen. Lass dein Herz aufgehen und überfließen in Verehrung dieser großartigen Schöpfung und der Liebe, Weisheit und Kraft, die all das hervorgebracht hat. Jetzt bedarf es der Verzückung – Verzückung, Andacht und Gnade.«

Ich finde in diesen Worten Zuspruch und Inspiration. Wir blockieren viel zu oft die allgegenwärtige uns verfügbare Kraft, weil wir so damit beschäftigt sind, etwas zu *tun*, statt einfach nur zu *sein*.

Ich frage mich oft, was Steve Jobs bei seinen letzten Worten wohl sah: »Oh, wow! Oh, wow!«

Ich frage mich, ob es die gleiche Vision war, von der die Mutter eines 26-jährigen Krebspatienten vor Jahren in meiner Sendung erzählt hat. Mit seinem letzten Atemzug habe ihr Sohn gesagt: »O, Mama, es ist so einfach.«

Ich glaube, dass wir uns vieles schwerer machen als nötig. Wir hadern mit dem, was ist, wir stemmen uns dagegen und verstricken uns dadurch beständig in Chaos und Frustration, wo es doch so einfach wäre: Behandle andere so, wie du selbst behandelt werden möchtest. Und auch das dritte Newton'sche Gesetz sollten wir nicht vergessen: Jede Aktion erzeugt eine gleich große Gegenreaktion. Das heißt, die Energie, die von Ihnen ausgeht, gibt die Welt Ihnen in vielfältigster Form zurück.

In einem bin ich mir ganz sicher: Unsere wichtigste Aufgabe im Leben ist es, uns an der Quelle aller Energie zu orientieren und im Einklang mit der Energie der Liebe zu leben.

Wenn Sie das zu Ihrer Lebensaufgabe machen, haben Sie das Geheimnis gelüftet – oder zumindest wird es Sie nicht länger verwirren, sondern es verstärkt nur die Verzückung, die Andacht und die Gnade.

Je näher der Tag rückte, desto mehr jubelte ich innerlich bei dem Gedanken an meinen 60. Geburtstag. Ich war so glücklich, dass ich lange genug gelebt hatte, um mir diese Worte sagen und ihre Bedeutung feiern zu können.

Ich werde 60! Ich lebe! Ich bin gesund und stark!

Ich werde 60! Und – nichts für ungut – ich habe es nicht länger nötig, mir darüber Gedanken zu machen, was irgendwer von mir hält! (Sie wissen schon, die üblichen Zweifel: »Mache ich es richtig? Sage ich das Richtige? Bin ich so, wie man mich gerne hätte?«)

Als ich 60 wurde, wusste ich eins ganz genau: Ich habe es mir redlich verdient, einfach so zu sein, wie ich bin. Und ich habe mich nie zuvor so wohl in meiner Haut gefühlt.

Ich habe den Moment erreicht, den Derek Walcott in seinem schönen Gedicht »Liebe nach Liebe« beschreibt:

»Wenn du mit Schwung
dich selbst an deiner eigenen Tür
begrüßen wirst, in deinem eigenen Spiegel,
und jeder wird beim Gruß des anderen lächeln.«

Ehrfürchtig stehe ich vor dem Weg, der auf dieser Welt noch vor mir liegt. In meinem Leben haben sich Wunder ereignet, solange ich denken kann (und auch schon vorher, wenn ich bedenke, dass meine Existenz das Ergebnis eines einmaligen Vergnügens unter einer Eiche ist). Schon in jungen Jahren hat mich das Sprechen in einer Methodistenkirche in Mississippi (mit Gesängen, Heiligem Geist und allem, was dazugehört) vorbereitet auf ein zukünftiges Publikum, das ich mir nie hätte träumen lassen.

Und jetzt will ich einfach weitergeben, was ich bekommen habe. Ich möchte weiterhin so viele Menschen wie möglich ermutigen, mit offenen Herzen durchs Leben zu gehen, denn eins haben mir all die Jahre gezeigt: Dass ich mein Herz geöffnet habe, hat mir meine größten Erfolge und Glücksmomente beschert.

Dass ich mein Herz nie verschlossen habe, halte ich für meine größte Leistung. Auch in meinen schwersten Zeiten – als ich sexuell missbraucht wurde, als ich mit 14 schwanger war, als ich mich belogen und betrogen fühlte –

bin ich immer voller Vertrauen und Hoffnung gewesen, immer bereit, in allen Menschen das Gute zu sehen, selbst wenn sie mir nur das Schlechte gezeigt haben. Ich habe immer daran geglaubt, dass man auch in den dunkelsten Stunden dafür sorgen kann, dass ein Lichtstrahl den vor einem liegenden Pfad erhellt.

Auf unserem Lebensweg entdecken wir, wer wir wirklich sind, und entscheiden, wer einen Platz in unserem Herzen einnehmen darf.

Noch eins durfte ich lernen: Gott – wie auch immer Sie Ihn, Sie oder Es nennen – ist auf unserer Seite, ebenso wie die Kräfte der Natur, die uns ein Leben im Überfluss schenken. In dem unermesslichen Ausmaß an Wundern und Schönheit nehmen wir Menschen in unserer Kurzsichtigkeit nur unsere alltäglichen Erfahrungen wahr. Doch auch im Gewöhnlichen steckt das Ungewöhnliche.

Es gibt Tage, da sinke ich auf die Knie vor Dankbarkeit, weil mir die unantastbare Heiligkeit des Lebens bewusst wird. Noch immer versuche ich zu begreifen, dass das kleine Mädchen aus Mississippi, das mit einem Plumpsklo aufgewachsen ist, nun in ihrem eigenen Flugzeug – mein eigenes Flugzeug! – nach Afrika fliegt, um Mädchen zu unterstützen, die so aufwachsen wie sie. *Amazing grace* (Erstaunliche Gnade), wie es in dem berühmten Kirchenlied heißt.

Ich habe mich dem Meilenstein meines 60. Geburtstags mit Demut, Dankbarkeit und Freude genähert, denn eins weiß ich genau: *Grace has brought me safe thus far, and grace will lead me home* (Es ist Gnade, die mich sicher so weit brachte, und Gnade wird mich heim geleiten).

KLARHEIT

»Zuerst musst du dir klarwerden, was du sein willst, dann musst du demgemäß handeln.«

EPIKTET

Ich musste 40 Jahre alt werden, um zu lernen, nein zu sagen. In meinen ersten Jahren beim Fernsehen war ich oft geradezu überwältigt, dass die Leute in mir eine Wohltäterin sahen. Manche gaben ihren letzten Penny für ein Busticket aus, um zu mir zu kommen, Kinder rannten von zu Hause weg, misshandelte Frauen verließen ihre Ehemänner und standen in meiner Studiotür, und sie alle hofften auf meine Hilfe. In dieser Zeit wandte ich eine Menge Energie auf, um beispielsweise ein Mädchen zurück zu ihrer Familie zu bringen oder jemandem am Telefon auszureden, sich umzubringen. Ich stellte einen Scheck nach dem anderen aus, was mich mit der Zeit sehr belastete. Ich war so sehr damit beschäftigt, die Ansprüche aller anderen zu erfüllen, dass mir das Gespür dafür, was ich aus eigenem Antrieb gerne geben würde, völlig abhandenkam. Es war die Krankheit, es allen recht machen zu wollen, die mich fest im Griff hatte, und so machte ich oft schon den Mund auf und sagte ja, bevor ich überhaupt darüber nachgedacht hatte.

Ich weiß ganz genau, woher ich diese Krankheit habe. Opfer von Missbrauch haben oft nie gelernt, Grenzen zu setzen. Wenn die persönlichen Grenzen in der Kindheit verletzt wurden, dann bringt man später nur schwer den Mut auf, andere daran zu hindern, einen auszunutzen. Man hat Angst, dafür abgelehnt zu werden, man selbst zu sein. Deshalb habe ich viele Jahre meines Lebens damit verbracht, praktisch jedem, der mich darum bat, alles zu geben, was ich hatte. Bis zur Erschöpfung versuchte ich, die Erwartungen anderer darüber, was ich tun sollte und wie ich zu sein hatte, zu erfüllen.

Das Prinzip der Absicht zu verstehen, hat mich letztendlich geheilt. Um nochmals aus Gary Zukavs Buch ›Die Spur zur Seele‹ zu zitieren:

> »Ob Tat, Gedanke oder Gefühl, allem liegt eine Absicht zugrunde, und diese Absicht ist eine Ursache, die mit einer Wirkung gekoppelt ist. Sind wir an der Ursache beteiligt, ist es unmöglich, nicht auch an der Wirkung beteiligt zu sein. Somit sind wir auf höchste Weise verantwortlich für alle unsere Taten, Gedanken und Gefühle, das heißt für jede Intention.«

Ich begann zu hinterfragen, welche Absicht ich mit meinem Ja verfolgte, wenn ich doch eigentlich Nein meinte. Ich sagte ja, um mein Gegenüber nicht zu verärgern, um gemocht zu werden. Ich wollte den anderen vermitteln, dass ich bereitstand, dass sie auf mich zählen konnten, auch in letzter Minute und egal, worum es ging. Und meine Erfahrungen spiegelten genau die Botschaft wider, die ich aussandte: Ich wurde in allen Bereichen meines Lebens mit Forderungen bombardiert.

Kurz nachdem mir das bewusst geworden war, rief mich ein ziemlich prominenter Mann wegen einer Spende für seine Stiftung an. Weil es um eine hohe Summe ging, bat ich um Bedenkzeit. Ich überlegte Folgendes: Handelt es sich um eine Sache, an die ich wirklich glaube? Nein. Glaube ich daran, dass das Ausstellen eines Schecks irgendetwas bewegen kann? Nein. Warum also soll ich es tun? Weil ich nicht möchte, dass diese Person mich für geizig hält. Aber genau das war für mich nun kein hinreichender Grund mehr.

Ich schrieb mir ein paar Sätze auf, die ich immer noch auf meinem Schreibtisch liegen habe: »Ich werde nie wieder irgendetwas für irgendwen tun, wenn es nicht von Herzen kommt. Ich werde zu keiner Besprechung gehen, keinen Anruf tätigen, keinen Brief schreiben, keine Aktion finanziell unterstützen oder an ihr teilnehmen, wenn ich nicht aus tiefster Überzeugung ja dazu sagen kann. Ich werde in der Absicht handeln, mir selbst treu zu bleiben.«

Bevor Sie ja sagen, überlegen Sie: Was ist Ihre eigentliche Absicht? Das Ja sollte aus Ihrem Bauch kommen, nicht aus Ihrem Kopf. Wenn Sie Rat einholen müssen, dann geben Sie sich die Zeit, das Ja oder Nein auf sich wirken zu lassen. Wenn etwas richtig ist, dann spüren Sie es im ganzen Körper.

Eins habe ich gelernt: Zuerst musste ich mich selbst kennenlernen, bevor ich die Krankheit, es allen recht machen zu wollen, überwinden konnte. Erst seit ich akzeptiert habe, dass ich ein anständiger, freundlicher und hilfsbereiter Mensch bin, egal, ob ich ja oder nein sage, brauche ich niemandem mehr etwas zu beweisen. Früher hatte ich Angst, dass die Leute über mich sagen könnten: »Was glaubt sie denn, wer sie ist?« Heute habe ich den Mut, aufzustehen und zu sagen: »Das bin ich.«

Ich bin nicht im Entferntesten so gestresst, wie viele es sich vielleicht vorstellen. Über die Jahre habe ich gelernt, meine Kraft auf die Gegenwart zu konzentrieren, jeden Augenblick sehr bewusst wahrzunehmen und mir keine Gedanken darum zu machen, was hätte geschehen sollen, was gerade falsch läuft oder was als Nächstes bevorsteht. Gerade weil ich wirklich eine ganze Menge zu stemmen habe, brauche ich Phasen der Erholung, sonst wäre ich völlig ineffizient – und würde wohl auch ein bisschen durchdrehen.

Niemand kann immer nur funktionieren. Wenn man sich selbst nicht die nötige Zeit und Fürsorge gönnt, dann rebelliert der Körper in Form von Krankheit und Erschöpfung. Wie ich mich wieder aufbaue? Es vergeht kaum ein Tag ohne ein Gespräch mit Gayle. Fast jeden Abend lege ich mich in die heiße Wanne und zünde mir Kerzen dazu an. Klingt vielleicht ein bisschen kitschig, aber es ist sehr beruhigend, sich eine Minute lang auf eine brennende Kerze zu konzentrieren und dabei ruhig und tief zu atmen. Abends vor dem Einschlafen vermeide ich Bücher oder Fernsehsendungen, die mir Angst machen könnten (zum Beispiel die Spätnachrichten). Und weil ich einen ruhigen Schlaf aufwühlenden Träumen vorziehe, regele ich schwierige Situationen tagsüber. Außerdem führe ich ein Dankbarkeitstagebuch und entspanne mich am Ende eines langen Arbeitstages, indem ich einen guten Roman lese oder ganz einfach allein dasitze, um wieder meine Mitte zu finden – ich nenne das »gedankenlos werden«.

Wir Frauen wurden darauf programmiert, uns aufzuopfern für alles, was gut und richtig für andere ist. Falls dann noch was von uns übrig bleibt, können wir uns ja das nehmen. Wir müssen uns schleunigst umprogrammieren, denn in einem bin ich mir ganz sicher: Was wir nicht haben, können wir auch nicht geben. Wenn wir unseren emotionalen und geistigen Tank bis auf den letzten Tropfen leer fahren und nur noch mit einer Reserve in Form von Gewohnheiten funktionieren, dann hat davon niemand etwas. Am wenigsten wir selbst.

In einer meiner Sendungen sprach ein Life-Coach über das Konzept der Selbstfürsorge. Das bedeutet, die eigenen Bedürfnisse über die der anderen zu stellen. Das ganze Publikum hat ihn ausgebuht, und gerade die Frauen waren entsetzt angesichts der bloßen Vorstellung, ihre eigenen Bedürfnisse über die ihrer Kinder zu stellen. Da habe ich mich mit einer Erklärung eingeschaltet: Es gehe ja nicht darum, sie hungern und im Stich zu lassen. Der Life-Coach propagierte vielmehr, für sich selbst zu sorgen, um dann auch für andere, die einen wirklich brauchen, besser sorgen zu können. Es läuft wie bei den Sauerstoffmasken im Flugzeug: Wer nicht zuerst seine eigene Maske aufsetzt, wird niemanden sonst retten können.

Also machen Sie mal eine Pause und beschäftigen Sie sich mit Ihren eigenen Bedürfnissen. Werden Sie gedankenlos. Geben Sie Kontrolle ab. Und vergessen Sie nicht: Immer nur der jetzige Augenblick ist Ihnen wirklich sicher.

Eins weiß ich genau: Ihr Atem ist Ihr Anker, ein Geschenk, das Sie erhalten haben – das wir alle erhalten haben, um in genau diesem Moment unsere Mitte zu finden. Wann immer ich in einer Situation auch nur ein bisschen angespannt bin, halte ich inne und atme tief ein und wieder aus. Ist Ihnen schon einmal aufgefallen, wie häufig Sie ganz unbewusst Ihren Atem anhalten? Wenn Sie erst einmal darauf achten, wird es Sie überraschen, wie viel innere Anspannung Sie mit sich herumtragen. Nichts ist wirksamer, als langsam und tief ein- und wieder auszuatmen – dadurch lassen Sie los, was Sie sowieso nicht kontrollieren können, und konzentrieren sich wieder auf das, was direkt vor Ihnen liegt.

Ich muss Ihnen etwas gestehen: Ich habe Angst vor Flügen übers Meer. Wenn ich in ein Flugzeug steige, muss ich natürlich immer vertrauen und an etwas glauben, das größer ist als ich selbst (wahlweise an Gott oder an die Luftfahrttechnik), und dennoch empfinde ich das Fliegen übers Meer als besonders beunruhigend. (Ich bin keine gute Schwimmerin.) Aber wenn ich von Kontinent zu Kontinent fliegen muss, dann tue ich das. Ich will größer sein als meine Angst.

Ich habe mir ein Haus auf einem Hügel auf Hawaii gekauft, weil ich mir so immer das Paradies vorgestellt habe. Mir war klar, dass ich mich jedes Mal, wenn ich auf dem Weg dorthin den Pazifik überquere, meiner Angst stellen muss.

Vor ein paar Jahren, am Tag nach Weihnachten, war mein Flugzeug bereits eine Weile in der Luft, so dass wir anfingen, Scrabble zu spielen, und ans Mittagessen dachten. Urania, die Frau meines Freundes Bob Greene, hatte Reste vom Weihnachtsessen mitgebracht.

»Kein Kartoffelpüree mehr für mich«, sagte ich. »Ich

nehme noch ein bisschen Truthahn – am liebsten mag ich das dunkle Fleisch – und grüne Bohnen.«

Unsere Flugbegleiterin Karin beugte sich über den Tisch, und ich dachte, sie wolle mir sagen, dass kein dunkles Fleisch mehr übrig war. Doch stattdessen sagte sie ruhig: »Wir haben einen kleinen Sprung in der Windschutzscheibe, wir müssen umdrehen.«

»Oh«, sagte ich nur.

»Der Kapitän bittet Sie, sich anzuschnallen und sich darauf einzustellen, die Sauerstoffmasken aufzusetzen.«

»Sauerstoffmasken? Und was ist mit meinen Hunden?« Sie hatten es sich neben uns bequem gemacht.

»Denen macht das nichts aus«, sagte Karin. »Wir gehen jetzt runter auf 10000 Fuß.«

Ich spürte, wie mein Herz heftiger schlug und meine Stimme höher wurde, obwohl ich versuchte, genauso ruhig zu bleiben wie sie. Meine Gedanken rasten: Sauerstoff! Gefahr! Sauerstoff! Gefahr! Ich kann nicht schwimmen! O Goooott!

Ich sagte nichts, aber später meinte Karin, dass meine Augen groß wie Pflaumen gewesen seien. Stedman, mein Fels in der Brandung, nahm meine Hand, sah mich an und sagte: »Alles wird gut! Der liebe Gott hat dich nicht bis hierher begleitet, um dich jetzt im Stich zu lassen. Denk daran!«

Der Sprung war größer geworden und durchzog die ganze linke Hälfte der Windschutzscheibe, wie wir von unseren Sitzen aus sehen konnten. Wusch – wums – wusch – wums. Ich kenne die üblichen Geräusche dieses Flugzeugs, und das hier klang ungewohnt. Ich möchte auf 40000 Fuß nichts Ungewohntes hören.

»Was sind das für Geräusche, Karin?«

»Wir lassen Druck aus der Kabine, weil wir schnell runtergehen, und das Geräusch kommt von der Sauerstoffpumpe. Die Piloten haben Sauerstoffmasken auf, nur für den Fall.«

Ich fragte nicht: »Für *welchen* Fall?«, weil wir alle die Antwort kannten: für den Fall, dass die Windschutzscheibe bersten würde.

Die Piloten Terry und Danny wendeten das Flugzeug, und ich sah auf die Uhr: noch 27 Minuten bis zur Landung. Ich dachte: Wenn ich doch nur auf meine innere Stimme gehört hätte und heute nicht geflogen wäre. Mehrmals an diesem Morgen hatte ich absagen wollen. Ich fühlte mich unausgeglichen und gehetzt. Ich hatte Bob Greene angerufen und gesagt: »Vielleicht fliege ich doch nicht heute.«

»Warum?«, hatte er gefragt.

»Irgendwie mag ich nicht. Was meinst du?«

»Ich meine, dass du auf deine vertrauenswürdige innere Stimme hören solltest.«

Ich hatte ein Bad genommen, weil ich in der Wanne immer am besten nachdenken kann, und wollte schon die Piloten anrufen, um die Reise zu verschieben. Dann hatte ich es nicht gemacht. Ich hatte das Gefühl ignoriert. Wenn nicht, wäre die Windschutzscheibe dann nicht auch irgendwann gesprungen? Zweifellos. Aber vielleicht wären wir dann nicht über dem Meer gewesen, ohne Landemöglichkeit.

Ich sah wieder auf die Uhr: noch 26 Minuten und 12 Sekunden bis zur Landung.

Die Uhr machte mich wahnsinnig, also begann ich zu lesen. Bald fühlte ich mich ruhig und gelöst. Wir würden es schaffen, egal, wie es laufen würde. Das Wusch und Wums wurde zu einer Quelle des Trostes: Sauerstoff! Leben! Sauerstoff! Leben!

Natürlich landeten wir sicher. Die Windschutzscheibe wurde ausgetauscht, und am nächsten Tag meldeten die Piloten, dass wir jederzeit wieder starten könnten. Würde ich es so schnell wieder wagen, übers Meer zu fliegen? Welche Lehre sollte ich aus diesem Vorfall ziehen?

Eins habe ich daraus gelernt: Wenn das innere Navigationssystem verrücktspielt, dann ist Gefahr im Anmarsch. Unsere Instinkte sind unser Kompass. Das habe ich kapiert. Das weiß ich nun. Dort oben wurde mir wieder einmal vor Augen geführt, wie wichtig es ist, Ablenkungen auszublenden und auf seine innere Stimme zu hören.

Eine der wichtigsten Fragen, die sich eine Frau stellen kann, lautet: Was will ich wirklich? Wozu rät mir meine Seele?

Die Antworten, die ich darauf fand, führten schließlich zu dem leidenschaftlichen Wunsch, Frauen und Mädchen zu unterstützen. Ich weiß sehr genau, was es bedeutet, als Mädchen missbraucht zu werden und in Armut zu leben, und ich glaube, dass Bildung das Tor zur Freiheit ist, der berühmte Regenbogen, der zum Topf voll Gold führt. Mir wurde klar, dass ich im Sinne der Effizienz überlegen musste, wie ich meine Zeit, mein Interesse, meine Ressourcen und mein Mitgefühl einsetzen musste, wenn ich eine Generation mutiger, unabhängiger Frauen aufbauen wollte, die ihre Stärken kennen. Ich wusste, dass ich nicht jedes Kind vor dem Tod bewahren und nicht in jedem Fall von Missbrauch einschreiten konnte. Das kann kein Mensch. Aber sobald ich mir darüber klar war, was zu geben ich mir am meisten wünschte, fielen eine Menge Dinge, die nicht zu dieser Absicht passten, einfach weg.

In den Jahren, in denen ich lernte, mich auf eine Sache

zu konzentrieren, erfuhr ich zugleich, wie man Druck und Ablenkungen von außen loswird und sich stattdessen seinem Inneren zuwendet – dieser Ahnung, die einem sagt: »Stopp! Hier stimmt was nicht. Mach mal eine Pause und schaff Ordnung.« Wenn ich zweifele, heißt das für mich oft, erst einmal nichts zu tun: nicht handeln, nicht antworten, nichts übereilen. Wenn ich mich mit Zweifeln über meine nächsten Schritte herumschlage, wenn ich um etwas gebeten werde, wofür ich wenig Begeisterung aufbringen kann, dann heißt das für mich: Stopp, nichts unternehmen, bis mir mein Bauchgefühl das Go gibt. Ich bin überzeugt davon, dass sich in meinen Zweifeln meine Seele zu Wort meldet: Ich bin verunsichert, ich kann nicht entscheiden, es ist etwas aus dem Gleichgewicht geraten. Für mich ist das die Aufforderung, erst wieder meine Mitte zu finden, bevor ich eine Entscheidung treffe. Wenn mich das Universum auf den richtigen Weg führt, lässt es mich nie mit einem »Vielleicht«, »Soll ich oder soll ich nicht?« oder einem »Möglicherweise« im Regen stehen. Ich weiß immer ganz genau, wenn es mich zum Handeln auffordert – weil dann jede Faser in mir »Ja« ruft.

Etwa seit meinem fünfzigsten Geburtstag nehme ich Zeit viel intensiver wahr. Das Wissen um die Begrenztheit der mir verbleibenden Zeit wurde plötzlich fundamental für mich, und es bestimmt seitdem in jedem Augenblick, was ich tue und wie ich reagiere. Ich mache jede Erfahrung und erlebe jedes morgendliche Erwachen ganz bewusst und voller Wertschätzung: Wie schön, dass ich noch da bin und eine neue Chance bekomme, alles richtig zu machen. Nach wie vor versuche ich, jede Erfahrung zuzulassen, auch die negativen. Ich nehme mir die Zeit, und sei es nur eine Minute morgens, um ruhig zu atmen und zu spüren, wie ich mit jedem Atemzug und aller Energie in und jenseits dieser Welt verbunden bin. Ich habe herausgefunden, dass die Endlichkeit greifbarer wird, sobald man seine Verbindung zur Unendlichkeit wahrnimmt.

Eins habe ich vom Leben gelernt: Sich selbst Zeit zu schenken, um einfach nur zu sein, ist essentiell, um seine Aufgabe als Mensch zu erfüllen. Ich schenke mir Sonntage. Mal verbringe ich den ganzen Tag im Schlafanzug, mal halte ich eine Art Gottesdienst unter den Bäumen, indem ich mit der Natur kommuniziere. Meistens tue ich gar nichts – vor mich hintrödeln, sage ich dazu – und lasse meinem Geist und Körper Zeit zur Entspannung. Wann immer ich versehentlich einen solchen Sonntag verplane, ändert sich spürbar meine Stimmung in der darauffolgenden Woche. Und noch etwas habe ich gelernt: Man kann nicht ständig für andere da sein und nie für sich selbst. Dann brennt man aus, oder zumindest ist man nicht in der Lage, sich selbst, der Familie oder im Job sein Bestes zu geben. Sorgen Sie dafür, dass Ihr innerer Brunnen nicht austrocknet. Wenn Sie glauben, dafür sei keine Zeit, heißt das in Wahrheit: »Ich habe kein eigenes Leben, das ich für mich selbst leben könnte.« Und wenn Sie kein Leben für sich selbst haben, wozu sind Sie dann auf der Welt?

Etwa vor einem Jahrzehnt habe ich etwas sehr Wichtiges gelernt. Auch nachdem ich die Sonntage für mich persönlich reserviert hatte, klingelte an diesen Tagen weiter das Telefon. Ich nahm ab, war ungehalten und ärgerte mich über den Anrufer. Bei einer dieser Gelegenheiten fragte mich Stedman: »Wenn du keine Lust zu reden hast, warum gehst du dann ran?« Ein echtes Aha-Erlebnis: Nur weil das Telefon klingelt, heißt das noch lange nicht, dass ich auch rangehen muss. Ich habe die Kontrolle über meine Zeit. Das haben wir alle, auch wenn sie manchmal außer Kontrolle scheint. Hüten Sie Ihre Zeit. Es ist schließlich Ihr Leben.

Sehr häufig wollen wir unbedingt von allem das Beste haben, weil wir glauben, dass nur das Beste uns »Lebensqualität« garantiert. Ganz gleich, ob man sich in jeder anderen Hinsicht vernachlässigt, Hauptsache, man besitzt die beste Uhr oder Handtasche, das beste Auto oder Grundstück, denn dann weiß man, dass man die Beste ist und es verdient hat, noch mehr von all den tollen Dingen zu kriegen.

Eins weiß ich genau: Die besten Dinge können das beste Leben nie ersetzen. Wenn Sie sich von Ihrem Konsumbedürfnis befreien, dann wissen Sie, dass Sie auf dem richtigen Weg sind.

Ich hätte nie gedacht, dass ich das einmal von mir behaupten würde, aber ich habe tatsächlich mit der Zeit Gefallen am Krafttraining gefunden. Ich genieße das Gefühl von Stärke und Disziplin, wenn meine Muskeln gegen Widerstand arbeiten müssen. Was noch besser ist: Ich habe beim Krafttraining auch etwas über das Leben gelernt.

Ich habe verschiedene Trainingspläne ausprobiert: täglich, alle zwei Tage, zwei Tage Sport und einen Tag Pause. Am ineffektivsten war das tägliche Training, weil dadurch Muskelmasse abgebaut wird. Und ähnlich ist es mit Gedanken und Gefühlen: Ohne die Möglichkeit, neue Kraft zu schöpfen, zerstört man langfristig auch das Bindegewebe seines Lebens.

Es ist sehr stressig, immer einen klaren Kopf zu bewahren, deshalb braucht jeder Auszeiten. Irgendwann habe ich meiner Assistentin klargemacht, dass zehn Minuten Leerlauf in meinem Terminkalender nicht unbedingt immer ausgefüllt werden müssen. »Ich will mich an meine eigene Philosophie halten«, sagte ich, was bedeutet, dass auch die Zeit zum Durchatmen ein fester Bestandteil meines Alltags geworden ist.

Seither plane ich kurze Momente der Ruhe fest ein – mindestens zehn Minuten, in denen ich gar nichts tue. Manchmal kraule ich einfach meinem Hund den Bauch oder werfe Stöckchen für ihn, ich mache einen kleinen Spaziergang oder sitze ganz ruhig an meinem Schreibtisch. Das wirkt Wunder. Nach solchen kleinen Pausen habe ich wieder viel mehr Energie und erledige alles danach mit besserer Laune.

Eins kann ich mit Sicherheit sagen: Eine kurze Pause wirkt sehr nachhaltig. Und deshalb habe ich dabei nicht den Hauch eines schlechten Gewissens. Ich fülle meinen Tank wieder auf und mache mich danach gut vorbereitet und mit Feuereifer an alles, was da kommen mag. Runderneuert, sozusagen.

Ich war mir immer sicher zu wissen, wozu Sport gut ist, nämlich um keinen dicken Hintern zu kriegen. Aber den wahren Sinn erfuhr ich erst 2005 bei einem Besuch in Johannesburg. Ich besuchte die »Leadership Academy for Girls«, eine Schule für Mädchen, die ich damals gerade aufbaute. Ich wusste, dass ich einen ganz schön vollen Terminkalender haben würde. Bei meiner Ankunft litt ich unter dem Jetlag, weswegen ich am nächsten Morgen um sieben beschloss, mein Training ausfallen zu lassen. Stattdessen blieb ich eine weitere Stunde liegen, um Schlaf nachzuholen. Das war meine Entschuldigung für den ersten Tag. Am dritten Tag war es das Laufband, das ich nicht mochte – zu schlecht gefedert für meine Knie. Nach drei sportlosen Tagen ist meine Entschlossenheit, fit zu bleiben, in der Regel dahin. Dann fällt mir der Selbstbetrug immer leichter: Ich bin zu müde oder zu beschäftigt, die Zeit ist zu knapp – all das führt in eine Abwärtsspirale.

Zu meinem Pech ist mein Antrieb, Sport zu treiben, unmittelbar verknüpft mit dem, mich gesund zu ernähren.

Sobald die eine Motivation schwindet, schwindet auch die andere.

Da mir das Essensangebot im Hotel nicht zusagte, äußerte ich einen Sonderwunsch, den eigentlich jeder erfüllen kann: Kartoffelpüree. Damit hatten die Köche kein Problem, und so aß ich während meines gesamten zehntägigen Aufenthalts Abend für Abend Kartoffelpüree und Brot. Zehn Tage kohlenhydratreiches Essen ohne Sport führen bei mir zu fünf Kilo mehr auf der Waage.

Noch schlimmer als die Gewichtszunahme aber war mein Befinden. Ich fühlte mich erschöpft und lethargisch und hatte plötzlich völlig neue Schmerzen und Beschwerden.

Okay, ich hatte es kapiert: Der Körper belohnt es, wenn man ihn gut ernährt und unterstützt. Und die Basis dieser Unterstützung ist Sport, ob einem das gefällt oder nicht. Der entscheidende Nutzen ist, mehr Energie zu haben; das Wunschgewicht zu halten ist nur der Bonus. Eins weiß ich seitdem ganz sicher: Sich um seinen Körper zu kümmern, egal in welcher Form, ist eine gute Investition, und die Rendite ist ganz enorm.

Aus Eckhart Tolles Buch ›Eine neue Erde‹ habe ich viel mitgenommen, unter anderem: Ich bin nicht mein Körper. Seit ich mich intensiv mit Tolles Ideen auseinandergesetzt habe, habe ich eine viel engere Verbindung zu meinem Bewusstsein oder meiner Seele oder meinem Geist – wie immer man auch dieses substanzlose Etwas nennen will, das einen ausmacht. Ich musste an all die Jahre denken, die ich darauf verschwendet habe, mich für mein Übergewicht zu hassen und mich schlank zu wünschen, mich für jedes Croissant schuldig zu fühlen, das ich aß, dann auf Kohlenhydrate zu verzichten, zu fasten oder Diät zu halten, mir wiederum Vorwürfe zu machen, wenn ich keine Diät hielt, und schließlich alles zu essen, worauf ich Lust hatte – bis zur nächsten Diät (wahlweise ab Montag/nach den Ferien/vor dem nächsten Großereignis). Das Grauen beim Gedanken, Kleider anzuprobieren, die Überlegung, was noch passen könnte, die bange Frage, was die Waage wohl anzeigen würde: Alles verschwendete Zeit. Diese ganze Energie hätte ich darauf verwenden können, das zu lieben, was ist.

Wer bin ich, wer sind Sie? Eins weiß ich inzwischen ganz sicher: Wir sind auf jeden Fall nicht unser Körper oder das Bild, das wir von ihm haben. Aber weil alles, dem man seine Aufmerksamkeit schenkt, größer aussieht – und in diesem Fall ist das wörtlich gemeint –, sorgte die ständige Beschäftigung mit meinem Gewicht dafür, dass ich immer dicker wurde. Egal, welches Foto aus welcher Phase meines Lebens ich auch ansehe: Das Erste, was mir dabei einfällt, ist nicht das Ereignis oder Erlebnis, sondern wie viel ich damals wog und welche Kleidergröße ich hatte. Denn das ist die Brille, durch die ich mich immer betrachtet (und beurteilt) habe: Zahlen. Welch eine Zeitverschwendung!

Ich habe damit aufgehört, mich auf die Waage zu stellen. Ich will nicht länger zulassen, dass eine Zahl bestimmt, wie ich mich sehe und ob ich einen schönen Tag verdient habe. Es ist verblüffend, festzustellen, wie schlank und schmal mich das gemacht hat. Auch Sie sind nicht Ihr Körper, und ganz bestimmt nicht das Bild, das Sie von Ihrem Körper haben.

Ich versuche, keine Zeit zu verschwenden – weil ich mich selbst nicht verschwenden will. Ich halte auch tunlichst Menschen mit negativer Energie davon ab, mir auch nur eine Minute meiner kostbaren Zeit auf dieser Erde zu stehlen. Ich musste es auf die harte Tour lernen, indem ich immer wieder viel von mir und von meiner Zeit verschenkt habe – was, wenn man es genau betrachtet, dasselbe ist. Ich habe erfahren, wie das verkorkste Ego anderer Leute meine Kraft raubt. Das hat mich gelehrt, dass deren Dunkelheit mein eigenes Licht absorbiert, das ich doch so nötig für mich selbst und andere Menschen brauche. Eins weiß ich genau: Wie man seine Zeit verbringt, das definiert auch, wer man ist. Und ich möchte so lange, wie ich kann, leuchten.

Ja, ich gebe es zu: Ich habe zu viele Schuhe. Genau wie zu viele Jeans und einen ganzen Schrank voll schwarzer Designerkleider von Größe 40 bis unbegrenzt elastisch. Außerdem Trägershirts und T-Shirts und Sweatshirts. Mit anderen Worten: Das Zuviel ist bei mir ein echtes Problem. Und deshalb frage ich mich, ob mir diese Dinge wirklich Freude bringen, mein Leben verschönern, mir nützen – oder mich nur belasten.

Ich habe beschlossen, nur das zu behalten, was mich wirklich in Begeisterung versetzt oder mein Wohlbefinden befördert. Der Organisationsexperte Peter Walsh schreibt in seinem Buch ›Enough already!‹ (Es reicht längst): »Unsere Wohnungen quellen über vor überflüssigen Dingen, und unser Leben ist zugemüllt mit den leeren Versprechungen, die diese Dinge nie erfüllt haben. […] Mit dem Kram, den wir unbedingt haben wollen, hoffen wir zugleich, auch das Leben mitzukaufen, das wir so gerne führen würden […]. Aber wenn wir glauben, wir erlangen das Leben, von dem wir träumen, indem wir immer mehr Dinge anhäufen, dann begeben wir uns in eine Sackgasse.«

In einem bin ich mir sicher: Nur weil wir immer mehr Dinge besitzen, fühlen wir uns nicht lebendiger. Doch gerade das Gefühl von Lebendigkeit ist ein Teil persönlicher Erfüllung. Wir alle sind auf der Welt, um uns lebendig zu fühlen.

Bei materiellem Überfluss geht es um so viel mehr als um die Dinge selbst. Obwohl wir wissen, dass wir Dinge auch loslassen müssen, macht uns genau das Angst. Ich jedenfalls habe gelernt, dass Loslassen Raum für Neues schafft. Das trifft nicht nur auf Schuhe zu, sondern auch auf alles andere. Einmal richtig aufzuräumen – und zwar im wörtlichen und im übertragenen Sinne – ist eine ideale Möglichkeit, für frischen Wind zu sorgen.

Es gibt so viele Möglichkeiten, Ihr Leben zu entrümpeln – und das hat nichts damit zu tun, nur ein Paar Schuhe in die Altkleidersammlung zu geben.

Verabschieden Sie sich von Entscheidungen, die nicht zu Ihrer Selbstfürsorge, Ihrem Selbstwertgefühl und Ihrer Selbstwertschätzung beitragen.

Fragen Sie sich, ob die Menschen in Ihrem Umfeld Ihnen Energie verleihen und Ihr persönliches Wachstum unterstützen oder es vielmehr durch Destruktivität und festgefahrene Vorstellungen blockieren. Wenn Sie als liebenswerter, offener, freier und spontaner Mensch von ihnen keine Unterstützung erfahren, dann sagen Sie tschüss!

Befreien Sie sich von alten Verhaltensmustern, die Sie nicht mehr weiterbringen.

Beseitigen Sie in Ihrem Job das Chaos der Ineffizienz, sorgen Sie für eine ausgewogene Arbeitsbelastung und gestalten Sie Aufgaben so, dass sie auch andere stärken und inspirieren, sie zu Verantwortung und Zusammenarbeit animieren.

Ich jedenfalls will mein Leben in Zukunft ordnen und verschlanken. Ich werde meine Flügel entstauben, denn eins ist sicher: Dann fliegt es sich viel besser. Weg mit all dem Zeug, das unser wahres Ich an seiner Entfaltung hindert. Denn darum geht es beim Entrümpeln, Sie entwickeln sich weiter und kommen Ihrer wahren Bestimmung immer näher.

Und sich von zu vielen Schuhen zu verabschieden ist, finde ich, schon mal ein guter Anfang!

STÄRKE

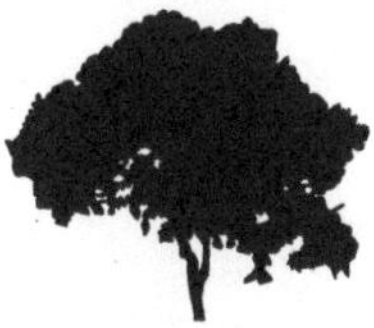

»Wenn du etwas besser weißt, machst du es auch besser.«

Maya Angelou

Bei Paul Simons Song »Born at the Right Time« (Zum richtigen Zeitpunkt geboren) denke ich immer, er handelt von mir. Ich bin 1954 in Mississippi geboren – dem Bundesstaat mit der höchsten Rate an Lynchmorden in den gesamten Vereinigten Staaten –, zu einer Zeit, als Schwarze, wenn sie nichts Böses denkend die Straße entlanggingen, jederzeit den Beschimpfungen oder Launen der Weißen ausgesetzt waren. Einer Zeit, als »ein guter Job« noch bedeutete, für eine »nette« weiße Familie zu arbeiten, was nicht mehr hieß, als dass sie einen zumindest nicht als Nigger bezeichnete. Einer Zeit, in der Schwarze per se als minderbemittelt galten, Rassentrennung herrschte und schwarze, schlecht ausgebildete Lehrer ihre Schüler mit den zerfledderten alten Schulbüchern unterrichteten, die die Schulen für Weiße ausrangiert hatten.

Und doch brach genau im Jahr meiner Geburt eine Zeit der Veränderung an. 1954 entschied der Oberste Gerichtshof in einer unter der Bezeichnung »Brown vs. Board of Education« (Brown gegen das Erziehungsministerium) bekanntgewordenen Reihe von Prozessen, dass Schwarze das gleiche Recht auf Bildung hatten wie Weiße. Diese Entscheidung ließ die Hoffnung sprießen, dass sich die Lebensbedingungen der Schwarzen grundsätzlich verbessern würden.

Ich war immer der Überzeugung, dass ein freier Wille unser Geburtsrecht ist, Teil unserer menschlichen Bestimmung. Und ich weiß, dass jeder Mensch sich nach Freiheit sehnt. Als ich mich 1997 auf meine Rolle als Sethe in dem Film ›Menschenkind‹ vorbereitete, organisierte ich eine Tour auf einem Abschnitt der sogenannten *Underground Railroad* (die Route, auf der im 19. Jahrhundert Sklaven aus den Südstaaten der USA nach Norden flüchteten und dabei von einem informellen Netzwerk unterstützt wurden). Ich wollte nachempfinden, wie es war, als Sklave durch die Wälder nach Norden zu ziehen, mit dem Ziel eines Lebens ohne Sklaverei, eines Lebens, in dem Freiheit in ihrer elementaren Form bedeutete, keinen Herrn zu haben, der einem sagte, was man zu tun hatte. Doch nachdem man mich mit verbundenen Augen in den Wäldern allein gelassen hatte und ich überlegen musste, in welcher Richtung wohl der nächste sichere Unterschlupf liegt, wurde mir zum ersten Mal klar, dass es bei der Freiheit nicht darum geht, ob man einen Herrn hat. Freiheit bedeutet, eine Wahl zu haben.

In dem Film erzählt Sethe, was sie nach ihrem Marsch in

die Freiheit empfand: »Als hätte ich [meine Kinder] erst richtig lieb gewonnen, seit wir hier sind. Aber vielleicht wusste ich auch, dass sie […] in Kentucky gar nicht richtig meine Kinder waren. […] Manchmal haben sich meine Jungs vor Lachen so ausgeschüttet, wie ich's gar nicht kannte. Am Anfang hatte ich Angst, dass sie jemand hört und vielleicht sauer wird, aber dann dachte ich, lass sie nur lachen, bis ihnen die Bäuche weh tun, sie haben ja sonst keinen Schmerz zu erleiden.« Einmal sagt sie auch: »Jeden Morgen bin ich aufgewacht und hab das getan, was ich tun wollte«, und es klang so, als würde sie denken: »Stell dir mal vor, ich und selbst entscheiden!«

Während der Dreharbeiten sagte ich mir immer wieder diese Worte vor, denn ich spürte, welche Kraft von ihnen ausging. Seither begleiten sie mich – ich erfreue mich jeden Tag an ihnen. Manchmal sind sie mein erster Gedanke, bevor ich aufstehe. Ich kann morgens aufwachen und entscheiden, was ich mit dem Tag anfange – stell dir vor, ich und selbst entscheiden! Welch ein Geschenk.

Eins habe ich gelernt: Wir alle sollten dieses Geschenk zu würdigen wissen und uns darüber freuen, statt es für selbstverständlich zu halten. Nach unzähligen Geschichten, die ich aus allen Teilen der Welt gehört habe, weiß ich, dass eine Frau, die in der westlichen Welt geboren wird, zu den glücklichsten Frauen der Welt gehört. Nutzen

Sie dieses Glück, um in Ihrem Leben Ihrer wahren Berufung zu folgen. Machen Sie sich bewusst, dass Ihr Recht, Ihren eigenen Weg zu gehen, ein unantastbares Privileg ist. Machen Sie Gebrauch davon und geben Sie es nicht aus der Hand.

Ich war schon immer ein häuslicher Typ. Das mag angesichts meines vollen Terminkalenders vielleicht erstaunen, aber in der Regel gehe ich nach der Arbeit immer direkt nach Hause, habe bis sieben Uhr zu Abend gegessen und verziehe mich um halb zehn ins Bett. Selbst an Wochenenden entspanne ich mich am allerliebsten zu Hause. Da ich einen Großteil meines Erwachsenenlebens unter den Augen der Öffentlichkeit verbracht habe, ist es für mich entscheidend, mir ein Stück Privatsphäre zu bewahren. Einen Rückzugsort, eine sichere Zuflucht.

Vor Jahren schon hat mir Goldie Hawn erzählt, dass sie sich auf ihre Weise einen Rückzugsort geschaffen hat, nämlich indem sie ihr Zuhause zur klatschfreien Zone erklärte. Als Teil ihrer Kampagne *Words Can Heal* (Worte können heilen), mit der sie sich landesweit gegen verbale Gewalt einsetzt, plädierten sie und ihre Familie dafür, statt herabsetzender und verletzender Formulierungen ermutigende und bestärkende zu verwenden. Dieser Entschluss passt sehr gut zu einer Erkenntnis, die Maya Angelou einmal an mich weitergegeben hat: »Ich bin überzeugt davon, dass das Negative Macht entfaltet – und wenn du es in deinem Zuhause, in deinen Gedanken, in deinem Leben duldest, dann kann es auch von dir Besitz ergreifen«, sagte sie. »Böse Worte kriechen ins Gebälk, in die Möbel, und ehe du dich versiehst, verbeißen sie sich in deine Haut. Böse Worte sind wie Gift.«

Wie verletzend sie sein können, weiß ich aus erster Hand. Ich war am Boden zerstört, als die Boulevardmedien in einer frühen Phase meiner Laufbahn Lügen über mich verbreiteten. Ich fühlte mich völlig missverstanden und verschwendete eine Menge Zeit auf die Sorge, dass die Leute diese Lügen glauben könnten. Ich musste gegen das Bedürfnis ankämpfen, jeden, der mich verleumdet hatte, persönlich anzurufen, um mich zu verteidigen.

Doch eins weiß ich inzwischen: Bei den Lügen, die verbreitet werden, geht es nie um die betroffene Person. Nie. Egal, ob es sich um ein Gerücht handelt, das die ganze Nation in Atem hält, oder eine Lästerei unter Freunden, es reflektiert immer die Unsicherheit derer, die diese Lüge in Umlauf setzen. Wenn wir hinter seinem Rücken schlecht über jemanden reden, wollen wir uns dadurch häufig ein Gefühl der Überlegenheit verschaffen – und das liegt meist daran, dass wir uns irgendwie unterlegen und zu schlecht und mutlos fühlen, um ihm gegenüber aufrichtig zu sein.

Verletzende Äußerungen signalisieren – und zwar uns

selbst genauso wie denen, vor denen wir sie äußern –, dass man uns nicht trauen kann. Denn wer bereit ist, eine vermeintliche Freundin schlechtzumachen, könnte doch genauso gut auch jeden anderen verunglimpfen. Lästern bedeutet, dass wir Menschen herabwürdigen, weil wir nicht den Mut aufbringen, den Konflikt ihnen gegenüber direkt anzusprechen. Der Dramatiker Jules Feiffer bezeichnet das als »kleine Morde«: Klatsch ist ein Mordversuch, ausgeführt von einem Feigling.

Wir leben in einer klatschsüchtigen Kultur: Wer trägt welches Kleid, wer bandelt mit wem an, wer hat gerade einen Sexskandal am Hals? Wie wäre es, wenn wir unser Zuhause, unsere Beziehungen, unsere Leben zur klatschfreien Zone erklärten? Vermutlich wären wir überrascht, wie viel Zeit wir plötzlich hätten, um das zu tun, was am wichtigsten ist: unsere Träume zu verwirklichen, statt die anderer zu zerstören. Die Aufrichtigkeit in unserem Zuhause brächte unsere Besucher dazu, ihre Schuhe auszuziehen und es sich bei uns gemütlich zu machen. Und wir würden begreifen, dass Worte nicht nur verletzen, sondern auch heilen können.

Es entbehrt nicht einer gewissen Ironie, dass ich nie sonderlich viel ferngesehen habe. Abgesehen von den Wiederholungen der »Andy Griffith Show« schalte ich nicht einmal mehr regelmäßig Sitcoms ein, seit die Sendung von Mary Tyler Moore eingestellt wurde. Zu Hause verzichte ich auf die Spätnachrichten, weil ich kurz vor dem Schlafengehen nicht diese Form von negativer Energie aufnehmen möchte – und im Urlaub habe ich selten einen Fernseher im Zimmer. Wenn ich mich einmal durch die Programme zappe, stoße ich mit an Sicherheit grenzender Wahrscheinlichkeit auf mindestens eine Sendung, deren Bestandteil die sexuelle Ausbeutung von Frauen oder Gewalt gegen sie ist.

In meiner frühen Fernsehzeit trug ich selbst, wenn auch unabsichtlich, zu inakzeptablen Programminhalten bei – natürlich im Namen der »Unterhaltung«. Einmal luden meine Redaktion und ich einen Mann in unsere Sendung ein, der in einen Sexskandal verwickelt war, und seine Ehefrau wurde mitten auf der Bühne vor Millionen von Zuschauern mit der Untreue ihres Mannes konfrontiert. Nie werde ich die Demütigung und Verzweiflung auf dem Gesicht dieser Frau vergessen, und meine Scham darüber, sie in diese Lage gebracht zu haben. Unmittelbar danach beschloss ich, nie wieder bei einer Sendung mitzumachen, in der Menschen beschämt, herabgesetzt oder erniedrigt werden.

Eins habe ich vom Leben gelernt: Womit wir uns befassen, beeinflusst unsere Persönlichkeit – wie eine Frau denkt, so ist sie. Wenn wir ununterbrochen mit Bildern und Botschaften berieselt werden, die uns alles andere als unsere Qualitäten und Vorzüge vor Augen führen, ist es kein Wunder, dass wir uns ausgelaugt und kraftlos fühlen. Wenn wir Tag für Tag im Fernsehen mit Gewaltakten konfrontiert werden, sollte es uns nicht überraschen, dass unsere Kinder Gewalt als gangbaren Weg der Konfliktbewältigung betrachten.

Verkörpern Sie selbst die Veränderung, die Sie herbeiführen wollen – nach diesem Motto lebe ich. Ermutigen Sie Menschen, statt sie kleinzumachen. Bauen Sie auf, statt zu zerstören. Statt in die Irre zu führen, weisen Sie den Weg, damit alle eine höhere Stufe erreichen.

Ich sitze in der fünften Stunde in Mr Hoopers Algebraunterricht und fürchte mich vor der bevorstehenden Klassenarbeit, als eine Ansage über die Schulsprechanlage uns auffordert, in die Aula zu kommen und einen besonderen Gast zu begrüßen. »Hurra, gerettet!«, denke ich mir in dem sicheren Gefühl, dass mich das heute vor Algebra bewahren wird.

Ich denke an nichts anderes als mein glückliches Entkommen, als meine Klassenkameraden und ich im Gänsemarsch den Saal betreten. Auf meinen Stuhl gelümmelt, mache ich mich darauf gefasst, mich nun in anderer Gruppierung genauso tödlich zu langweilen. Als uns jedoch Reverend Jesse Jackson als Redner vorgestellt wird, der Bürgerrechtler, der am Tag von Martin Luther Kings Ermordung an seiner Seite war, richte ich mich ein wenig auf. Ich weiß in diesem Augenblick noch nicht, dass ich seine Rede nie wieder vergessen werde.

Das Ganze geschah 1969. Weil ich in der Schule nur Einsen und Zweien hatte, ging ich davon aus, bereits begriffen zu haben, wie wichtig es war, mein Bestes zu geben.

Doch an jenem Tag entzündete Reverend Jackson in mir einen Funken, der meine gesamte Lebensauffassung veränderte. Er sprach von den persönlichen Opfern, die unsere Vorfahren, auf welchem Weg auch immer sie herkamen, für uns gebracht hatten. Er erzählte von denen, die uns vorausgegangen und uns den Weg geebnet hatten, damit wir in Nashville eine Highschool ohne Rassentrennung besuchen konnten. Er sagte uns, dass wir uns selbst höchste Leistungen schuldig waren.

»Höchstleistung ist die beste Verteidigung gegen Rassismus«, sagte er. »Also bringt Höchstleistungen!«

Ich nahm ihn beim Wort. An jenem Abend ging ich nach Hause und machte mir aus Zeichenpapier ein Poster mit seiner Aufforderung darauf. Ich klebte es an meinen Spiegel, wo es während meiner gesamten Collegezeit hing. Nach und nach fügte ich meine eigenen Maximen hinzu: »Wenn du Erfolg haben willst, bringe Höchstleistungen.« – »Wenn du das Beste willst, was die Welt dir zu bieten hat, dann biete ihr das Beste von dir.«

Diese Worte halfen mir über viele Schwierigkeiten hinweg, selbst wenn nicht immer mein Bestes zum Vorschein kam. Bis heute ist es mein Ziel, immer Höchstleistungen zu bringen. Das Höchstmaß an Großzügigkeit, an Güte, an Anstrengung. Auch wenn ich kämpfen und streiten muss. Höchstleistungen bedeuten für mich, immer mein persönliches Bestes zu geben. In Don Miguel Ruiz' Buch ›Die vier Versprechen‹ ist das letzte Versprechen schlicht und einfach: »Tun Sie immer Ihr Bestmögliches.« Und eins weiß ich genau: Das ist der erfüllendste Weg, um zu persönlicher Freiheit zu gelangen. Dieses Beste kann von Tag zu Tag schwanken, je nachdem, wie man sich gerade fühlt, sagt Ruiz. Aber das ist egal. Geben Sie unter allen Umständen Ihr Bestes, damit Sie sich nie Vorwürfe machen, sich schuldig fühlen oder schämen müssen. Leben Sie so, dass Sie am Ende jeden Tages sagen können: »Ich habe mein Bestes getan.« So brillieren Sie bei der großen Aufgabe, das Beste aus Ihrem Leben zu machen.

Mein Vater zog mich in der Überzeugung groß, dass Schulden etwas Furchtbares sind. Bei uns zu Hause kam sich verschulden einer Charakterschwäche gleich, ähnlich wie Faulheit oder das, was er Leichtfertigkeit nannte. Als ich von zu Hause auszog und innerhalb eines Jahres Schulden von 1800 Dollar anhäufte, kam ich mir daher wie eine Versagerin vor. Natürlich verschwieg ich das meinem Vater und hätte nie gewagt, mir das Geld von ihm zu leihen.

Stattdessen nahm ich einen Konsolidierungskredit mit 21 Prozent Zinsen auf, aß jede Menge Cornflakes zum Abendessen und kauft mir das billigste Auto, das ich finden konnte. Ein Kübel auf Rädern, wie ich es nannte, aber es brachte mich zur Arbeit und wieder zurück. Ich spendete meinen Zehnten an die Kirche und kaufte mir nur einmal im Jahr etwas zum Anziehen.

Ich zahlte die 1800 Dollar ab und schwor mir, nie wieder mehr auszugeben, als ich besaß. Ich hasste das Gefühl, über meine Verhältnisse zu leben.

Mein Vater sparte für alles Wichtige: Waschmaschine und

Trockner, einen neuen Kühlschrank. Als ich 1976 zu Hause in Nashville auszog, hatte er sich noch immer keinen neuen Fernseher gegönnt. Er sagte, dafür reiche sein Geld nicht. Als die »Oprah Winfrey Show« landesweit ausgestrahlt wurde, war ein Farbfernseher das Erste, was ich ihm kaufte – ich zahlte ihn bar.

Es ist mir nach wie vor ein Rätsel, warum Menschen sich auf ein Leben mit Schulden einlassen. Ich werde nie ein Paar vergessen, das in meiner Sendung über seine finanzielle Notlage sprach. Sie waren erst seit neun Monaten verheiratet, aber ihre Beziehung litt bereits unter der enormen Ausgabenlast. Sie hatten einen Großteil der Kosten ihrer Hochzeit am Strand in Mexiko mit einem Kredit bezahlt, zum Hochzeitsdinner hatte es Hummer und Filet Mignon und freie Getränkeauswahl gegeben, und für einige Gäste hatten sie auch das Hotel und Wellnessbehandlungen übernommen. Eine Rechnung über 50 000 Dollar war die Schattenseite dieser grandiosen Veranstaltung. Und da waren die 9000 Dollar, mit denen der Ehemann seine Altersvorsorge belastet hatte, um den Verlobungsring zu kaufen, noch gar nicht eingerechnet. Ein einziges traumhaftes Wochenende hatte einen Albtraum zur Folge, der Jahre andauern würde.

Eins weiß ich genau: Wer sich darüber definiert, was er sich leisten kann, statt zu überlegen, was er wirklich für

Glück und Erfüllung braucht, der lebt nicht nur über seine Verhältnisse und übernimmt sich finanziell, der lebt auch eine Lüge.

Darum fühlt sich ein großer Haufen Rechnungen wie eine schreckliche Bürde an – weil man unaufrichtig zu sich selbst ist. Wer seine Schulden loswird, schafft Freiraum für sinnvolle Ausgaben, für Dinge, die dem Leben mehr Bedeutung verleihen.

Noch immer denke ich über jede Anschaffung zweimal nach. Passt sie zu dem, was ich bereits habe? Handele ich nur aus einer Laune heraus? Hat es für mich einen wirklichen Nutzen, oder macht mir einfach nur der Besitz an sich Freude? Ich erinnere mich, wie ich einmal vor Jahren in einem Antiquitätenladen war und der Verkäufer mir eine ganz entzückende Frisierkommode aus dem 18. Jahrhundert mit Spiegeln und Geheimfächern zeigte. Unter der glänzenden Politur schien das Kirschholz förmlich zu vibrieren. Ich überlegte hin und her, ob ich sie kaufen sollte, doch dann sagte ich dem Verkäufer: »Sie haben recht – sie ist großartig, ich habe nie vorher ein so schönes Exemplar gesehen, aber eigentlich brauche ich gar keine Frisierkommode mit so vielen Spielereien.« Er seufzte theatralisch und antwortete: »Meine Dame, hier kauft niemand etwas, weil er es braucht – das hier sind Schätze, die man einfach genießt.« Ganz genau. Dann gehe ich wohl besser in den Laden für

Brauchbares, dachte ich, denn eigentlich bin ich auf der Suche nach Utensilien für den Kamin. Nicht nur brauchte ich keinen Frisiertisch, ich hatte nicht einmal Platz dafür.

Aber in einem musste ich dem guten Mann schon recht geben: Manche Dinge sind einfach nur dazu da, um sie zu schätzen und zu genießen.

Ich weiß jetzt, dass man alles sehr viel mehr genießen kann, wenn man sich dafür nicht finanziell übernommen hat. Und daran erkennt man eine kluge Kaufentscheidung: Man kommt mit seiner Anschaffung nach Hause, verspürt kein bisschen Reue, und zehn Tage später fühlt sie sich noch besser an als im Moment des Kaufs.

1988 stand ich bei Tiffany und musste mich zwischen zwei Porzellanservicen entscheiden. Ich ging so lange auf und ab, bis mein Begleiter fragte: »Warum kaufst du nicht beide, du kannst es dir doch leisten?« Ich weiß noch genau, wie ich dachte, o Gott, er hat recht, das kann ich wirklich. Und ich sprang mitten im Laden vor Freude in die Luft, als hätte ich im Lotto gewonnen.

Seither habe ich oft die Versuchung verspürt, Dinge zu kaufen. Doch weil ich weiß, dass bewusstes Verhalten in allen Bereichen von Vorteil ist, bemühe ich mich, auf dem Boden zu bleiben. Noch ein gelbes Sweatshirt wird mir … was genau bringen? Wenn die Antwort »nichts« lautet, lege ich es zurück oder kaufe es für jemanden, dem es eine wirkliche Freude bereitet (wie Gayle, die nach Gelb so verrückt ist wie andere Leute nach Schokolade).

Ich hoffe, Ihre Art, Geld auszugeben, steht im Einklang mit Ihrem wahren Ich und dem, was Ihnen wichtig ist. Ich hoffe, dass Ihr Geld Ihnen und Ihren Lieben Freude bringt. Und ich hoffe, Sie nutzen es immer als wirksames Werkzeug, um Ihre besten Absichten in die Tat umzusetzen.

Mit Mitte zwanzig nahm ich einmal an einem Gebetsfrühstück in Washington teil, das der *National Black Caucus*, die Interessenvertretung schwarzer Parlamentsabgeordneter, sponserte. Ich hatte das Glück, einen ausgesprochen eloquenten Prediger aus Cleveland zu hören: Reverend Otis Moss Jr., der später mein Mentor und Freund wurde.

Die Geschichte, die Reverend Moss an jenem Tag erzählte, verfolgt mich bis heute. Sein Vater, ein armer Farmpächter, arbeitete sein ganzes Leben lang hart, um seine Familie zu versorgen und seine Kinder großzuziehen, wobei er genauso unwürdig und erniedrigend behandelt wurde wie viele Generationen vor ihm. Doch in seinen Fünfzigern bekam er endlich eine Chance, die seine Vorfahren nicht gehabt hatten: Er durfte wählen. Am Wahltag stand er noch vor dem Morgengrauen auf, zog seinen besten Anzug an – den für Hochzeiten und Beerdigungen – und machte sich auf den Weg zum Wahllokal, um in Georgia gegen einen rassistischen und für einen moderaten Gouverneur zu stimmen. Er lief zehn Kilometer, um dann zu erfahren, dass er dort falsch sei und woanders hin müsse. Er lief weitere acht Kilometer zu einer Stelle, wo ihm die Stimmabgabe wieder verweigert und er zu einem dritten Wahllokal geschickt wurde. Als er dort ankam, sagte man ihm: »Guter Mann, Sie sind ein bisschen spät dran, das Wahllokal hat eben geschlossen.« Nachdem er den Tag über rund 30 Kilometer gelaufen war, kehrte er erschöpft und enttäuscht nach Hause zurück, der Freude beraubt, wählen zu dürfen.

Otis Moss sen. erzählte seine Geschichte jedem, der ihm zuhörte, und lebte nur noch auf die nächste Gelegenheit hin, seine Stimme abzugeben. Er starb vor der nächsten Wahl. Er hatte nie die Gelegenheit, mitzuentscheiden. Ich habe sie jetzt. Und jedes Mal, wenn ich einen Wahlzettel in die Urne werfe, tue ich das nicht nur für mich, sondern auch für Otis Moss sen. und die unzähligen anderen Frauen und Männer, die es gerne getan hätten, aber nicht durften. Ich gehe für all jene zur Wahl, die vor mir ihr Leben dafür einsetzten, dass Sie und ich heute eine Stimme haben, die zählt.

Sojourner Truth, die 1851 auf der Women's Rights Convention in Akron sprach, sagte: »Wenn die erste Frau, die Gott geschaffen hat, stark genug war, um ganz allein die Welt auf den Kopf zu stellen, sollten doch viele Frauen gemeinsam es schaffen, sie wieder umzudrehen und auf die Beine zu stellen!« Wir könnten erstaunliche Veränderungen anstoßen, wenn wir Frauen heute massenhaft zur Wahl gehen würden.

Die letzten Statistiken zur Wahlbeteiligung sind beschämend und ein Ausdruck mangelnden Respekts für das, was Frauen uns vermacht haben – und für jede Frau, die keine Stimme hatte, aber hoffte, dass ihre Tochter eines Tages gehört werden würde. 2008 gaben in den USA nur etwa zwei Drittel der wahlberechtigten Frauen ihre Stimme ab. Wenn man dann bedenkt, dass bei den Präsidentschaftswahlen des Jahres 2000 nur 537 Stimmen den Unterschied gemacht haben …

Eins habe ich vom Leben gelernt: Wir sind es uns selbst und unseren Vorfahren schuldig, unserer Stimme Gewicht zu verleihen.

In unserem Land entfallen 95 Prozent der Gesundheitsausgaben auf die Behandlung von Krankheiten und weniger als fünf Prozent auf die Erhaltung von Gesundheit und die Prävention von Krankheiten. Ist das nicht paradox? Diese Herangehensweise müssen wir ändern, und das beginnt bei der Überlegung, wie wir uns selbst verstehen: als Förderer von Gesundheit oder als Verursacher von Krankheit.

Optimale Gesundheit bedeutet, dass wir auf Hochtouren laufen – körperlich, seelisch und geistig. Es bedeutet, dass wir hellwach sind, uns lebendig und eingebunden fühlen. Wenn wir uns unser Leben als Kreis vorstellen und die einzelnen Aspekte (unter anderem Familie, Finanzen, Arbeit) als Sektionen dieses Kreises, dann wird deutlich, dass eine Fehlfunktion in einer Sektion den ganzen Kreis beschädigt.

In vielen Phasen meines Lebens habe ich viel zu viel Wert auf meine Arbeit gelegt und nicht annähernd genug auf die Fürsorge für mich selbst. Und es besteht ein riesengroßer Unterschied zwischen der Erfüllung der Bedürfnisse des Egos und der Fürsorge für sein wahres Ich. Wer das zu unterscheiden weiß, erspart sich eine Menge Zeit – das weiß ich sicher.

Nur in Harmonie mit Ihrem Körper, Ihrem Geist und Ihrer Seele können Sie Ihre Bestimmung verwirklichen. Nur wenn alle drei gleichermaßen mitwirken, sind Sie in der Lage, Ihr ganzes Potential zu entfalten.

Es ist Ihre Entscheidung, ob Sie Ihrer Berufung folgen oder sich einfach nur treiben lassen. Die durchschnittliche Lebenserwartung von Frauen in der westlichen Welt beträgt um die 80 Jahre. Das ist eine Wahrscheinlichkeit, kein Versprechen. Was Sie heute tun, schafft die Voraussetzungen für jeden weiteren Tag.

Wenn Sie den Reichtum des Lebens ausschöpfen wollen, der Ihnen offensteht, müssen Sie bereit sein, Ihre wahre Aufgabe zu erfüllen. Und da geht es nicht um Ihren Job oder Ihre Karriere. Sondern darum, auf Ihre Seele zu hören, die Ihnen zuflüstert, was sie sich wünscht. Immer wieder in regelmäßigen Abständen müssen Sie ganz still sein, um diese Stimme zu vernehmen. Sie müssen Ihren Geist mit Gedanken und Ideen füttern, die Ihnen neue Möglichkeiten eröffnen. (Wenn Sie nichts mehr dazulernen, dann blockieren Sie Ihr persönliches Wachstum und suggerieren unbewusst dem Universum, dass Sie schon alles erledigt haben: Doch wenn es nichts Neues mehr für Sie gibt, warum sind Sie dann noch hier?)

Sie können nicht davon ausgehen, dass Ihr Körper ewig weiter funktioniert, egal, wie Sie ihn behandeln. Ihr Körper will bewegt und gut genährt werden. Wenn Sie durchs Leben sprinten, als müssten Sie ein Rennen gewinnen, dann sollten Sie ab und an einen Gang runterschalten und ihm etwas Ruhe gönnen. Denn in Wahrheit haben Sie das Rennen ja schon gewonnen: Sie sind immer noch hier und haben eine weitere Chance, alles hinzukriegen, es noch besser zu machen und besser zu sein – genau jetzt.

Vor einigen Jahren erzählte eine junge Mutter in meiner Show von den frustrierenden Versuchen, ihren Sohn ins Bett zu bringen. Er war drei Jahre alt und gab im Haus den Ton an. Er wollte bei ihr im Bett schlafen und weigerte sich standhaft, sich überhaupt in sein eigenes zu legen. Je mehr die Mutter darauf bestand, desto mehr Widerstand leistete ihr Kind – es schrie und weinte, bis es schließlich aus schierer Erschöpfung nachgab.

Wir zeigten in einem kurzen Film, wie die beiden ihren Kampf ausfochten. Was unser Experte Dr. Stanley Turecki danach sagte, machte mir eine Gänsehaut: »Es wird nichts passieren, bevor Sie nicht eine Entscheidung treffen.« Dass dieser dreijährige Junge nicht in seinem eigenen Bett schlafen wollte, lag daran, dass seine Mutter das noch nicht wirklich entschieden hatte. Wenn sie es täte, würde er folgen. Vielleicht würde er noch eine Zeitlang weiter schreien und weinen und rebellieren, bis er einschlief, aber schließlich würde er den Entschluss seiner Mutter akzeptieren.

Auch wenn Dr. Turecki in diesem Fall natürlich über einen Dreijährigen sprach, wurde mir eins ganz klar: Dieser großartige Ratschlag ließ sich auch auf viele andere Bereiche des Lebens übertragen: Beziehungen, berufliches Fortkommen, Gewichtsprobleme. Alles hängt von den eigenen Entscheidungen ab.

Wenn Sie nicht wissen, was Sie tun sollen, dann rate ich Ihnen, nichts zu tun, bevor sich Klarheit einstellt. Indem Sie ruhig werden und auf Ihre innere Stimme hören statt auf die Stimmen der restlichen Welt, verschaffen Sie sich diese Klarheit schneller. Und sobald Sie entschieden haben, was Sie wollen, legen Sie sich fest.

Eines meiner Lieblingszitate stammt von dem Bergsteiger W. H. Murray:

> »Bevor man sich nicht festlegt, bleibt ein Zögern, die Möglichkeit, einen Rückzieher zu machen. Es ist immer ineffizient. Bei allen Taten, die Entschlusskraft (oder Kreativität) erfordern, gilt eine elementare Wahrheit, an deren Unkenntnis schon zahllose Ideen und großartige Pläne gescheitert sind: In dem Augenblick, in dem man sich festlegt, setzt sich auch das Schicksal in Gang. Es passieren dann alle möglichen förderlichen Dinge, die sonst nie passiert wären. Ein ganzer Strom von Ereignissen entsteht aus der Entscheidung und bringt unvorhersehbare günstige Umstände, unwahrscheinliche Zufälle und materielle Unterstützung hervor, die man sich nie hätte träumen lassen.

Ich habe mir mit der Zeit einen tiefen Respekt vor ein paar Versen von Goethe erworben: ›Das Mögliche soll der Entschluß / Beherzt sogleich beim Schopfe fassen, / Er will es dann nicht fahren lassen / Und wirket weiter, weil er muß.‹«

Treffen Sie eine Entscheidung, und Sie werden sehen, wie Ihr Leben Fortschritte macht.

Diese Listen der »mächtigsten Menschen der Welt« haben mich immer fasziniert – und auch, dass Äußerlichkeiten wie Berühmtheit, Status, Reichtum herangezogen werden, um Macht zu definieren und einzustufen. Es ist schon lustig, dass ein Mensch, der in einem Jahr ganz oben auf der Liste steht, im nächsten Jahr gar nicht mehr drauf ist – dazu ist nicht mehr als eine Vorstandssitzung nötig. Hatte dieser Mensch reale Macht oder war sie nur mit seiner Position verbunden? Wir verwechseln beides sehr oft.

Echte Macht entsteht meiner Ansicht nach dann, wenn die Ziele und der Charakter einer Person übereinstimmen, um einer guten Sache zu dienen. Die einzig wahre Macht entspringt einer authentischen Persönlichkeit, aus der ihre Bestimmung spricht. Wenn jemand diese Art glaubwürdiger und überzeugender Macht ausstrahlt, dann ist sie unwiderstehlich, inspirierend, erhebend.

Das Geheimnis steckt in der Übereinstimmung: wenn Sie genau wissen, dass Sie auf dem richtigen Weg sind, und genau das tun, was Ihrer Bestimmung entspricht, wenn Sie die Ziele Ihrer Seele und die Wünsche Ihres Herzens erfüllen. Wenn Ihr Leben mit seinem Zweck in Einklang steht, dann sind Sie am mächtigsten. Und selbst wenn Sie einmal straucheln, Sie werden nicht hinfallen.

Fünf Tage nach Katrina fuhr ich nach Louisiana, um die verheerenden Auswirkungen des Hurrikans selbst in Augenschein zu nehmen. Maya Angelou beschrieb sie mit eindringlichen Worten: »Das Land wurde Wasser, und das Wasser dachte, es sei Gott.«

Ich habe höchstens zehn Minuten im Superdome, dem Football-Stadion in New Orleans, verbracht, wo Tausende Familien fünf Tage lang auf Hilfe warteten. Doch noch Tage später glaubte ich diese Mischung aus Urin, Kot und dem beißenden Geruch verwesenden Fleisches zu riechen.

In meiner Sendung sagte ich dann: »Ich glaube, wir alle – das ganze Land – schuldet diesen Familien eine Entschuldigung.«

Am nächsten Tag erhielt Gayle King, die nicht nur meine beste Freundin, sondern auch Herausgeberin meiner Zeitschrift »O, The Oprah Magazine« ist, einen Anruf. Eine aufgebrachte Leserin kündigte ihr Abo, weil »Oprah größenwahnsinnig geworden ist, wenn sie uns erzählen will, dass sich die Regierung bei diesen Leuten entschuldigen soll«.

Eins weiß ich genau: Aus jeder Katastrophe können wir eine Menge lernen, und eine der wichtigsten Lektionen ist diese: Solange wir uns auf eine Position des »Wir und die da« zurückziehen, werden wir uns nicht weiterentwickeln, weder als Person noch als Nation, noch als Weltgemeinschaft. Katrina hat uns die Möglichkeit gegeben, unsere Herzen zu öffnen und Mitgefühl zu zeigen.

Das Klagen darüber, was Gott alles zulässt, habe ich in meinem Leben wahrlich schon oft gehört. Dazu noch eine Lektion: Menschen leiden nicht etwa darunter, was Gott tut, sondern darunter, was wir tun oder unterlassen.

Vieles von dem, was nach Katrina geschah, ist als menschliches Versagen zu bezeichnen. Und wir haben eine Menge gegenseitiger Schuldzuweisungen zu hören bekommen. Doch dieser Sturm zeigte auch, dass in Augenblicken der Verzweiflung, der Angst und der Hilflosigkeit jeder von uns ein Quell der Hoffnung sein kann, wenn wir danach streben, uns freundlich und gütig die Hand zu reichen. Eins weiß ich wirklich ganz sicher: »Die da« gibt es nicht – es gibt nur uns.

Im Januar 2009 war ich auf dem Cover des »O Magazine« doppelt zu sehen: zwei Oprahs nebeneinander, vorher und nachher. Vorher mit guter Figur, nachher übergewichtig. Den Mut zu dieser Darstellung hatte ich, weil ich wusste, dass ich nicht allein war. Geschätzte 66 Prozent aller erwachsenen Amerikaner sind übergewichtig oder fettleibig. Und praktisch keiner von ihnen ist glücklich damit.

Dieses Cover rief heftige Gefühlsäußerungen und eine Lawine der Unterstützung hervor. Vor allem ist mir die E-Mail einer Freundin in Erinnerung geblieben: »Weißt du, wie ich dein Gewicht interpretiere: als deinen Rauchmelder. Wir alle verbrennen die beste Zeit unseres Lebens.«

Das war ein echtes Aha-Erlebnis, denn so hatte ich das nie zuvor gesehen. Mein Gewicht war ein Warnsignal dafür, dass ich mich von meiner Mitte entfernt hatte.

Inzwischen weiß ich eins genau: Übergewicht ist bei mir ein seelisches Problem, keines der Ernährung. Marianne Williamson traf in ihrer E-Mail den Nagel auf den Kopf: »Dein Gewicht ist eine Einladung, das Beste aus deinem Leben zu machen.«

All meine Diäten waren zum Scheitern verurteilt, solange ich davon ausging, dass das Gewicht mein Hindernis sei. Ich hatte mir immer eingeredet, ich hätte ein Gewichtsproblem – statt einzusehen, dass mein Leben aus der Balance geraten war und dass ich diese Tatsache mit dem Essen zu verdrängen versuchte.

Zusammen mit Bob Greene habe ich das Buch ›Make the Connection‹, also ›Stellen Sie den Zusammenhang her‹, geschrieben. Der Titel war seine Idee. Mein Teil beinhaltete auch die Tagebucheinträge, in denen ich den Frust über mein Dicksein festhielt (ich wog 118 Kilo, als ich Bob kennenlernte), und beim Schreiben fragte ich ihn immer wieder: »Was war noch mal der Zusammenhang?«

Von Bob habe ich gelernt, dass mein Essverhalten nichts mit Kartoffelchips zu tun hatte, sondern dass ich jenseits meiner Esssucht nach dem suchen musste, was mich auffraß. Anscheinend habe ich nicht gründlich genug darauf geachtet.

Aber inzwischen kenne ich den Zusammenhang: Es geht darum, sich selbst uneingeschränkt zu lieben, zu würdigen und zu schützen. Bob hat mir oft gesagt: »Dein Gewicht hängt letztlich mit deinem Gefühl der Wertlosigkeit zusammen.« Jahrelang habe ich ihm widersprochen: »Jetzt hör mir mal gut zu, Bob, ich gehöre nicht zu den Leuten, die glauben, sie hätten nicht verdient, was sie haben. Ich habe hart für alles gearbeitet, was ich besitze.«

Doch seit ich versuche, mein Gewichtsproblem auf der seelischen Ebene in den Griff zu bekommen und zu lösen, beginne ich auch zu begreifen, dass Gefühle der Wertlosigkeit in vielerlei Gestalt daherkommen können.

Seit meinem dritten Lebensjahr bin ich ein Streber. Sehr lange hielt ich es für nötig, meine Existenz zu rechtfertigen, meinen Wert unter Beweis zu stellen. Ich arbeitete hart und bekam immer Einsen. Ich gewann Vortragswettbewerbe und bekam Stipendien. Ich war schon Mitte dreißig, als mir klar wurde, dass man qua Geburt wert ist, zu existieren. Ich musste nichts beweisen.

Bei den meisten von uns, die zu viel essen, hängt das Übergewicht mit Sorgen, Frustration und Depressionen zusammen, die letztendlich alle von unbewältigten Ängsten herrühren. Und statt uns diese Ängste einzugestehen und sie aufzuarbeiten, verdrängen wir sie, indem wir essen. Wir betäuben sie mit Beruhigungsmitteln aus dem Kühlschrank. Wenn Sie die Angst bewältigen, dann können Sie fliegen – noch etwas, das ich vom Leben gelernt habe.

Werden Sie lebendig! Was immer Ihr Problem ist – ob Sie zu viel essen, drogensüchtig sind oder einer anderen Sache verfallen, ob Sie Ihren Partner, Ihr Geld oder Ihren Job verloren haben –, betrachten Sie es als Einladung, endlich Ihr wahres Ich zu entdecken und das Beste aus Ihrem Leben zu machen.

Ich sehe so gerne dabei zu, wie der Sonnenuntergang über Maui den Himmel verwandelt. Der Natur fällt Veränderung viel leichter als uns Menschen.

Unsere persönliche Entwicklung ist ein nie endender Ausgrabungsprozess – um unsere Lebensthemen ans Tageslicht zu bringen, müssen wir tief buddeln. Manchmal buddeln wir uns scheinbar durch den Kilimandscharo, so oft stoßen wir auf blanken Fels.

Ich habe festgestellt, dass Felsbrocken, die man unbearbeitet lässt, sich erst zu einem Hügel und dann zu einem Berg auftürmen. Deshalb sollten wir besser täglich für Ordnung sorgen: in unserer Arbeit, unseren Familien und Beziehungen, unseren Finanzen und unserer Gesundheit.

Natürlich ist es einfacher, Probleme zu ignorieren. Aber auch wenn wir nur in sehr kleinen Schritten auf ihre Lösung zugehen, werden diese Schritte irgendwann zu großen Sprüngen in Richtung Selbstverwirklichung.

Ihr persönliches Potential voll auszuschöpfen ist mehr als nur eine vage Idee, es ist das ultimative Ziel. Die Wunder, die wir vollbringen können, haben nichts mit den gängigen menschlichen Maßstäben zu tun, nichts mit den Einschätzungen, was in oder out, cool oder uncool ist.

Ich spreche hier vom einzig Wahren: In wessen Leben haben Sie Spuren hinterlassen? Wen haben Sie geliebt, wer hat diese Liebe erwidert?

Eins kann ich mit absoluter Sicherheit sagen: Das ist es, was zählt. Für mich ist es das einzige Ziel, das alle Mühe wert ist – ein Bewusstseinswandel, der mir die Überzeugung ermöglicht, dass ich nicht besser und nicht schlechter als jedes andere menschliche Wesen bin. Dass ich einfach bin.

In der dritten Klasse habe ich die goldene Regel gelernt: Behandele andere so, wie du von ihnen behandelt werden willst. Ich habe diese Worte geliebt. Ich schrieb sie überall hin und trug sie in meinem Schulranzen herum.

Ich vollbrachte immer gute Taten, und irgendwann hatte ich sogar vor, Missionarin zu werden. Ich ging jeden Sonntag zur Kirche, saß in der zweiten Bank auf der rechten Seite, zog ein Notizbuch hervor und schrieb alles auf, was der Pfarrer sagte. Am nächsten Schultag gab ich es auf dem Pausenhof wieder. Ich nannte es die Montagmorgen-Andacht. Die anderen Achtjährigen sahen mich kommen und riefen: »Die will schon wieder ihre Predigt halten.« Als die Progressive Missionary Baptist Church damals Geld für arme Kinder in Costa Rica sammeln wollte, startete ich eine Spendenkampagne. Ich wollte mehr Geld zusammenbringen als alle anderen. Ich spendete mein Mittagessensgeld und bewegte auch meine Mitschüler dazu. Das alles gehörte zu meinem Lebensprinzip »Behandele andere so usw.«.

Doch in der fünften Klasse taten sich erste Probleme auf.

In meiner Klasse war ein Mädchen, das mich nicht mochte, also lästerte ich überall in der Schule über sie. Eine meiner Freundinnen wies mich darauf hin, dass, wenn ich an die goldene Regel glaubte und über dieses Mädchen lästerte, es nicht unwahrscheinlich sei, dass sie auch über mich lästerte. »Mir doch egal«, antwortete ich. »Ich mag die sowieso nicht.«

Sehr lange habe ich es immer irgendwie vor mir rechtfertigen können, wenn ich etwas sagte oder tat, das meinem besseren Ich zuwiderlief. Ich hatte noch nicht kapiert, dass alle unsere Taten, die guten und die bösen, auf uns zurückwirken. Aber irgendwann habe ich begriffen, dass wir von der Welt nur das bekommen können, was wir ihr geben. Ich schließe es aus dem dritten Newton'schen Gesetz: Jede Aktion erzeugt eine gleich große Gegenreaktion. Es ist im Wesentlichen das, was die östliche Philosophie als Karma bezeichnet. In ›Die Farbe Lila‹ erklärt es Celie dem Mister: »Alles, was du mir angetan hast, hast du dir schon längst angetan.«

Unsere Handlungen kreisen um uns, so sicher, wie die Erde um die Sonne kreist.

Menschen, die sagen, sie suchen das Glück, frage ich darum immer: »Was geben Sie der Welt?« Ich hatte zum Beispiel einmal eine Frau in der Sendung, die sich wunderte, warum ihre Ehe in die Brüche gegangen war. Sie sagte immer wieder: »Er hat mich immer so glücklich gemacht, und jetzt tut er das nicht mehr.« Dass sie selbst die Ursache dieser Wirkung war, das begriff sie nicht. Glück bekommt man nicht von anderen. Das eigene Glück, das man empfängt, ist direkt proportional zu der Liebe, die man gibt.

Wenn Sie den Eindruck haben, dass in Ihrem Leben etwas fehlt oder Sie nicht das bekommen, was Sie verdienen, dann bedenken Sie, dass es keinen gelben Steinweg wie im ›Zauberer von Oz‹ gibt, dem Sie nur folgen müssen. Nicht das Leben führt Sie, Sie führen es!

Verbringen Sie mehr Zeit mit Ihren Kindern, und Sie werden merken, wie das Ihr Leben bereichert. Grollen Sie nicht länger Ihrem Chef oder Kollegen, und Sie werden merken, dass Sie dafür belohnt werden. Gehen Sie liebevoll mit sich selbst und anderen um, und Sie werden merken, dass Sie Liebe zurückbekommen. Dieses Gesetz funktioniert immer, ob es Ihnen bewusst ist oder nicht. Es funktioniert bei den kleinen, den größeren und den ganz großen Dingen.

Heute bemühe ich mich, allen Menschen, denen ich begegne, Gutes zu tun. Mein Handeln soll von Wohlwollen bestimmt sein. Denn eins habe ich vom Leben gelernt: Was ich auch denke, sage oder tue, es kommt zu mir zurück. Und das Gleiche gilt für Sie.

QUELLEN

Paulo, Coelho: Der Alchimist, Zürich (Diogenes) 2008, S. 47

Die Entdeckung Amerikas. Rudolf Borchardt und Edna St. Vincent Millay: Gedichte, Übertragungen, Essays. Herausgegeben von Gerhard Schuster, München (Lyrik Kabinett) 2004, S. 129

Ralph Waldo, Emerson: Essays, übersetzt von Karl Federn, Halle (Otto Hendel Verlag) 1896, zitiert nach gutenberg.spiegel.de/buch/essays-erster-teil-7606/3

Epiktet: Handbüchlein der Moral und Unterredungen, hg. v. Heinrich Schmidt, Stuttgart (Kröner) 1978, S. 103

Miguel Ruiz: Die vier Versprechen, Berlin (Ullstein) 2012, S. 25 und 81

Eckhart Tolle: Eine neue Erde. Bewusstseinssprung anstelle von Selbstzerstörung, München (Arkana) 2005, S. 125

Derek Walcott: Erzählungen von den Inseln. Gedichte. Ausgewählt und aus dem Englischen von Klaus Martens, München (Hanser) 1993, S. 93

Neale Donald Walsch: Gespräche mit Gott. Band 3. Kosmische Weisheit, München (Arkana) 2008, S. 17

Marianne Williamson: Rückkehr zur Liebe, München (Goldmann) 1993, S. 13

Gary Zukav: Die Spur zur Seele, München (Heyne) 1990, S. 30